Rainer Nowak, Erich Kocina (Hg.)

Gehört der Islam zu Österreich?

Rainer Nowak
Erich Kocina (Hg.)

Gehört der ISLAM zu ÖSTERREICH?

MOLDEN

Inhalt

VORWORT
Das Wir und das Ihr — 6
Rainer Nowak und Erich Kocina

1. ISLAM UND ÖSTERREICH
Die muslimische Volkszählung — 12
Erich Kocina

2. ISLAM UND POLITIK
Ein schwieriger Umgang — 21
Oliver Pink

3. ISLAM UND KATHOLISCHE KIRCHE
Mehr Neben- als Miteinander — 29
Dietmar Neuwirth

4. ISLAM UND WIRTSCHAFT
Österreichs Halal-Ökonomie — 38
Jakob Zirm

5. ISLAM UND KINDERGARTEN
Radikalisierung und Skandalisierung — 47
Eva Winroither

6. ISLAM UND SCHULE
Weltanschauungen im Klassenzimmer — 56
Bernadette Bayrhammer

7. ISLAM UND FRAUEN
Das Tuch, das spaltet — 64
Anne-Catherine Simon

8. ISLAM UND DIE TÜRKEN
Der Einfluss der alten Heimat — 73
Köksal Baltaci

9. ISLAM UND EXTREMISMUS
Die Kinder des Jihad   81
Anna Thalhammer

10. ISLAM UND ANTISEMITISMUS
Neuer Import des alten Gifts   89
Rainer Nowak

11. ISLAM UND RECHT
Kein Minarett und keine Burka   95
Benedikt Kommenda

12. ISLAM UND MEDIEN
Viel beachtet, oft falsch dargestellt   104
Anna-Maria Wallner

13. ISLAM UND BUNDESHEER
Freitagsgebet in Uniform   113
Iris Bonavida

14. ISLAM UND JUSTIZ
Muslime hinter Gittern   121
Manfred Seeh

15. ISLAM UND VORBILDWIRKUNG
Der Kickboxer als Role Model   129
Gerhard Bitzan

16. ISLAM UND DISKRIMINIERUNG
Muslime als Feindbild   137
Erich Kocina

17. ISLAM UND MINDERHEITEN
Die „anderen" Muslime   146
Duygu Özkan

Autorinnen und Autoren   155

Vorwort

Das Wir und das Ihr

Rainer Nowak und Erich Kocina

Gehört der Islam zu Österreich? Es ist eine provokante Frage und natürlich eine zugespitzte, die am Cover dieses Buches steht. Und es ist eine Frage, in der eine These steckt, die man als ein Problem sehen kann. Dass damit nämlich ein „Wir" und ein „Ihr" konstruiert wird. Eine Unterscheidung in Österreicher und Muslime, die suggeriert, dass es ein einheitliches Ganzes gibt – und das auf beiden Seiten. Allein, weder gibt es den monolithischen Block der Muslime, der wie ein Fremdkörper in ein Land gepflanzt wurde und an dem in einem lebensgroßen Experiment gezeigt wird, wie sich seine Mitglieder hier einfinden. Und auch Österreich ist weit davon entfernt, ein einheitlich organisierter Raum zu sein, der in sich reibungsfrei funktioniert und erst durch das Einsetzen einer religiösen Gruppe ins Wanken kommt.

Schon der Blick in die Geschichte zeigt, dass der Islam längst ein Teil von Österreich ist. Beginnend mit der Okkupation des muslimisch dominierten Bosnien-Herzegowina durch die Habsburger wurde der Islam auch formal ein Teil des organischen Ganzen. Als kleiner Teil, dem ganz selbstverständlich auch alle Rechte zugestanden wurden. Und der weit davon entfernt war, Bedenken von einem Kampf der Kulturen auszulösen. Wohl auch, weil im fernen Wien kaum etwas von dem Neuen zu spüren war. Und weil Religion nur ein Aspekt von vielen war, der im damaligen Vielvölkerstaat mitnichten die Hauptrolle spielte.

Vorwort

Der Orient und mit ihm der Islam hatte auch lange Zeit die Rolle eines Faszinosums für die Europäer. Irgendwo zwischen exotischer Begeisterung und Weltoffenheit in einer damals noch nicht globalisierten Welt rangierte der Umgang mit dieser Religion. Natürlich, es gab die Konflikte, die kriegerischen Auseinandersetzungen mit dem Osmanischen Reich. Die Türkenbelagerungen 1529 und 1683, nach denen Wien sich als Bastion des christlichen Abendlandes inszenieren konnte. Und schon damals wurde den Muselmanen, wie sie genannt wurden, auch Ablehnung entgegengebracht. Aber gleichzeitig blieb auch ein wenig vom Gefühl, dass man von dieser Zivilisation doch auch einiges lernen konnte.

Ein wichtiger Markstein im Verhältnis Europas zum Islam war in jedem Fall die Arbeitsmigration aus muslimischen Ländern, die Mitte des vorigen Jahrhunderts einsetzte. In Österreich und Deutschland waren das vor allem die Gastarbeiter aus der Türkei. Nur dass sich damals noch niemand für deren Religion interessierte. Genau genommen interessierte man sich auch sonst recht wenig für die Menschen, die da gekommen waren, um beim Boom der Wirtschaft mitzuhelfen. Es war ja nur als temporäre Maßnahme gedacht. Nach getaner Arbeit, so die damalige Vorstellung, würden sie ja ohnehin wieder in ihre Heimat zurückgehen.

Das war der erste große Irrtum. Gefolgt davon, dass man deswegen auch keine Notwendigkeit sah, sich besonders um diese Menschen zu kümmern. Sie mit dem Land vertraut zu machen, ihnen die Sprache und die Mentalität näherzubringen. Und dafür zu sorgen, dass sich Verbindungen zwischen den Gastarbeitern und der autochthonen Bevölkerung ergeben. Man lebte nebeneinander, hatte einander nicht viel zu sagen und erwartete nicht, dass aus der kurzfristigen Idee eine längerfristige werden würde. Aus den zunächst wenigen Gästen im Land wurden mehr – und irgendwann passte auch der Begriff „Gast" nicht mehr so recht. Österreich und Deutschland hatten sich als eine zweite Heimat für diese Zuwanderer etabliert.

Lange Zeit waren sie vor allem Türken. Muslime waren sie nur in zweiter Linie – und selbst da war das Interesse nicht wahnsinnig groß, die Furcht vor dieser Religion noch alles andere als ausgeprägt. Im Lauf der Jahre kamen andere Menschen, unter ihnen wieder zahlreiche Muslime, etwa aus Bosnien-Herzegowina. Wieder im Zug von Arbeitsmigration, später als Flüchtlinge aus dem Jugoslawien-Krieg. Doch auch bei ihnen spielte die Religion keine große Rolle. Ja, es wurde schon damals politisiert – gegen „die Ausländer". Doch der Fokus auf den Islam sollte erst später kommen.

Spätestens mit dem 11. September 2001, mit den Angriffen auf die Twin Towers in New York und das Pentagon in Washington, hatte der Islam den Aufstieg zu einer Art globalem Feindbild geschafft. Ein Feindbild, das nach dem Zerfall der Sowjetunion, dem Ende des Kalten Krieges, offenbar dringend benötigt wurde, erstmals konkret niedergeschrieben in Samuel P. Huntingtons „Clash of Civilizations" aus dem Jahr 1996. Ein Buch, das quasi das theoretische Konzept dafür lieferte, wie die Welt sich in den kommenden Jahrzehnten entwickeln würde.

Die neue Konfliktlinie zwischen der westlichen und der islamischen Welt hat unter anderem dazu geführt, dass etwa in Österreich und Deutschland aus den Ausländern, aus den Türken, aus den Bosniern und Iranern „die Muslime" geworden sind. Die Religion ist plötzlich zum primären Identifikationsmerkmal aufgestiegen. Nicht zu einem Merkmal unter vielen, das eben zu einer Person gehört. Sondern zum wichtigsten, hinter das alles andere zurückgereiht wird. Par-

Vorwort

allel dazu hat sich aber längst eine Wandlung vollzogen. Demografisch und auch ideell. Denn längst ist der Islam nicht mehr ein Merkmal, das vor allem zu Zuwanderern passte. Viele Muslime haben längst die Staatsbürgerschaften von Österreich oder Deutschland inne. Weil sie eingebürgert wurden. Oder sogar hier geboren sind. Aufgewachsen im Bewusstsein, Österreicher zu sein. Und Muslim. Die Frage, ob sie hier dazugehören, stellt sich für sie nicht. Auch wenn sie ihnen von außen immer wieder gestellt wird. Diese Trennung in den Köpfen der Bevölkerung, diese Grundeinstellung im öffentlichen Diskurs ist es, die die Frage, ob der Islam denn nun zu Österreich gehört, immer wieder aufwirft. Eine Frage, die aber weder so pauschal gestellt noch beantwortet werden sollte. Natürlich ist es lohnend, einen Blick darauf zu werfen, wie sich der Islam im österreichischen Staat, in der österreichischen Lebensrealität mittlerweile eingefügt hat. Wie er auf viele Dinge Einfluss nimmt, aber auch, wie er sich an die Gegebenheiten angepasst, sich verändert, eine eigene Spielart entwickelt hat.

In einzelne Lebensbereiche vorzudringen und sie darauf abzuklopfen, wie der Islam und Österreich sich angenähert und beeinflusst haben, aber auch, wo Potenzial für Konflikte begraben liegt, war eine Motivation für dieses Buch. Und das auf eine Art und Weise, wie es auch „Die Presse" in ihrer täglichen Arbeit macht – und ihre Leserinnen und Leser es gewohnt sind und schätzen. Nüchtern, nämlich unaufgeregt und sachlich. Ohne Schaum vor dem Mund. Und ohne vorgefertigte Ergebnisse, die auf Nicht-Recherche beruhen.

Was dieses Buch auch von anderen unterscheidet, ist, dass hier nicht sogenannte „Islamexperten" ans Werk gehen. Sondern weil ein Ansatz des Buches ist, dass die Spezialistinnen und Spezialisten aus der „Presse"-Redaktion sich weitgehend in dem thematischen Bereich bewegen, für den sie auch sonst zuständig sind. Themen, die auf den ersten Blick oft gar nichts mit dem Islam zu tun haben. Doch in denen man auf den zweiten Blick spannende Aspekte entdecken kann, wenn man in ihnen nach Verbindungen zu Muslimen sucht. Das beginnt schon mit den Themenfeldern Politik und Kirche, die von Oliver Pink und Dietmar Neuwirth im Hinblick auf den Islam durchleuchtet werden. Jakob Zirm aus dem Wirtschaftsressort wiederum rückt Themen wie Halal-Zertifizierungen und Islamic Banking in das Zentrum seines Beitrags zu Islam und Wirtschaft. Eine politisch heikle Debatte ist die Erziehung und Ausbildung muslimischer Kinder – Eva Winroither und Bernadette Bayrhammer werfen einen genauen Blick in Kindergärten und Schulen. Feuilleton-Redakteurin Anne-Catherine Simon wiederum denkt rund um das Thema Frauenbild im Islam über eines der sichtbarsten – und umstrittensten – Symbole nach, nämlich das Kopftuch.

Köksal Baltaci aus dem Wien-Ressort hat die spezielle Rolle des türkischen Islam in Österreich analysiert, während seine Ressortkollegin Anna Thalhammer eines der besonders dunklen Kapitel bearbeitet, nämlich jenes der Radikalisierung junger Muslime, die in nicht wenigen Fällen weg aus Österreich und sogar in den Tod geführt hat. Rechtspanorama-Chef Benedikt Kommenda wiederum hat den Islam in Sachen Kompatibilität mit der österreichischen Rechtsordnung durchleuchtet. Medienredakteurin Anna-Maria Wallner widmet sich der Frage, wie Muslime in Medien repräsentiert sind und werden.

Einen Bereich, der als besonders wichtig für die Integration gilt, hat Innenpolitik-Redakteurin Iris Bonavida ins Visier genommen – das Bundesheer, in dem mittlerweile eine gar nicht so geringe Anzahl an Muslimen für die Landesverteidigung Österreichs zuständig ist. Weniger positiv ist der Blick, den Chronik-Redakteur Manfred Seeh auf die Verbindungen von Islam und Justiz wirft – nämlich auf die Lage von Muslimen in Österreichs Haftanstalten. Umgekehrt beleuchtet Österreich-Redakteur Gerhard Bitzan, wie wichtig Muslime auch als positive Role Models sein können, ehe Außenpolitik-Redakteurin Duygu Özkan noch einen Blick auf jene Muslime richtet, die nicht im Fokus der Debatte stehen: innermuslimische Minderheiten, also Schiiten, Aleviten und andere Glaubensrichtungen innerhalb des Islam, zusammengefasst unter „die anderen Muslime".

Jedes Kapitel kann einen Beitrag dazu leisten, den Islam und die Muslime in Österreich ein Stück weit zu verorten. Ein wenig dazu beitragen, mehr über die Muslime zu erfahren, die hier leben. Wie sie in manchen Bereichen längst ganz selbstverständlicher Teil des Landes sind. Und wie in anderen noch Trennlinien existieren, von wem auch immer gezogen – von Muslimen selbst oder von jenen, die auf Muslime schauen.

Gehört der Islam, abschließend gefragt, nun also zu Österreich? Natürlich, das tut er längst durch all die Muslime, die hier leben, arbeiten, Steuern zahlen, ihre Kinder erziehen, das Land verteidigen, vielleicht auch mit manchen Dingen im Land unglücklich sind, mit manchen Traditionen ihre Probleme haben und manchmal womöglich auch mit dem Gesetz in Konflikt geraten. Wichtig ist bei all dem, dass wir darüber reden. Dass wir ein Bild der Situation gewinnen. Und daraus ableiten können, wo das Zusammenleben gut funktioniert, wo es hakt – und was wir tun können, damit Österreich und der Islam nicht als Gegensatzpaar wahrgenommen werden müssen.

1.

Islam und Österreich

Die muslimische Volkszählung

Erich Kocina

Gehört der Islam zu Österreich? Es ist eine Frage, die philosophisch angegangen werden kann, aus politischer Sicht, aus einem kulturhistorischen Blickwinkel, aus einem gesellschaftlichen – und nicht zuletzt wird dafür auch häufig so etwas wie das Bauchgefühl bemüht. Ein Aspekt dabei aber steht zweifelsfrei fest: Die Muslime sind da, sie leben in Österreich, sind zugewandert oder hier geboren, haben die österreichische oder eine andere Staatsbürgerschaft und sind ein mittlerweile fast schon selbstverständlicher Teil des Landes. Doch schon die nächste logische Frage ist nicht mehr so klar zu beantworten: Wie viele Muslime gibt es überhaupt in Österreich?

Um zur letzten wirklich greifbaren Zahl zu kommen, muss man zurück ins Jahr 2001 gehen. 338.988 Muslime wurden damals bei der Volkszählung registriert. Das entsprach damals rund 4,2 Prozent der Bevölkerung. Zum Vergleich: Bei der Volkszählung 1971 lag der Anteil der Muslime an der Bevölkerung mit 22.267 Menschen bei 0,3 Prozent. Zehn Jahre später lebten schon 76.939 Muslime im Land, rund ein Prozent der Bevölkerung. 1991 hatte sich der Anteil der Muslime mit 158.786 Menschen auf zwei Prozent verdoppelt. Weitere zehn Jahre später gab es noch einmal doppelt so viele Muslime.

Der nächste Schritt wäre gewesen, die Daten des Jahres 2011 heranzuziehen. Allein, es gibt sie nicht mehr. Die „Statistik Austria" stellte das System der Volkszählung um – die Fragebögen, die die Bürger beim Besuch eines Volkszählers ausfüllen mussten, wurden eingemottet. Stattdessen werden seit damals Datensätze aus verschiedenen Institutionen zusammengeführt, vom Melderegister, dem Gebäude- und Wohnungsregister, den Finanzämtern, dem Hauptverband der Sozialversicherungsträger oder auch dem AMS. Ein Verfahren, das massiv billiger ist – es kostet nur knapp zehn Millionen Euro statt rund 72 Millionen bei der traditionellen Methode. Aber auch ein Verfahren, das Nachteile hat. Denn bisher enthaltene Daten finden sich in den Registern nicht mehr. Dazu gehören der Beruf, die Umgangssprache und nicht zuletzt auch das Religionsbekenntnis.

Wer heute also die Frage stellt, wie viele Muslime in Österreich leben, ist auf Schätzungen und Hochrechnungen angewiesen. Eine erste erschien im Jahr 2010, herausgegeben vom „Österreichischen Integrationsfonds" (ÖIF) und basierend auf den Daten von 2001, die mit der Nettomigration aus islamischen Ländern und den Geburtenraten der muslimischen Bevölkerung verknüpft wurden. Mit Stichtag 1. Jänner 2009 kommt die Hochrechnung auf 515.914 Personen mit islamischem Religionsbekenntnis. Das wäre ein Bevölkerungsanteil von 6,2 Prozent. Das „Institut für Islamische Studien" der Universität Wien wiederum kam bei einer weiteren Hochrechnung mit dem Stichtag 1. Jänner 2012 auf 573.876 Muslime, was einem Anteil von 6,8 Prozent an der Bevölkerung entspräche. Der ÖIF war es wiederum, der 2017 in einer weiteren Hochrechnung bei rund 700.000 Muslimen landete, was einem Bevölkerungsanteil von rund acht Prozent entspräche. Und einer Verdopplung der Zahl der Muslime innerhalb von 15 Jahren.

Schätzungen anhand von Migration

Zuletzt arbeitete das „Vienna Institute of Demography" an der Österreichischen Akademie der Wissenschaften an dieser Hochrechnung, die den Stand mit Anfang 2017 abbilden soll. Die Basis dafür ist erneut die Volkszählung von 2001. Dazu zählt Projektleiterin Anne Goujon vier Elemente. Zunächst die Fertilität – die Daten dazu liefert das Geburtenbarometer, in dem die Religion der Mutter eines Kindes erfasst wird. Um eine tatsächliche Geburtenrate zu berechnen, braucht es allerdings die Gesamtzahl der weiblichen Muslime, die wiederum geschätzt werden muss. Danach kommt die Sterblichkeitsrate – hier ist vor allem die ältere Bevölkerung der ersten Einwanderergeneration ein Unsicherheitsfaktor, weil doch noch einige ihre letzten Tage in der alten Heimat verbringen und dort sterben wollen, sie aber zum Teil in Österreich nicht aus den Registern fallen. Der dritte und größte Teil ist die Migration. Hier werden die Migrationszahlen mit der religiösen Verteilung der jeweiligen Herkunftsländer kombiniert – auf Basis von Volkszählungen oder Schätzungen des „Pew Research Center" in Washington D. C. Das passiert bei Migration, etwa aus anderen europäischen Ländern, so wie auch bei Fluchtbewegungen. Bei den Flüchtlingszahlen greift man unter anderem auf die Registrierung zurück, die zum Erhalt der Grundversorgung nötig ist, aber auch auf die Zahlen von Asylanträgen. Das ist insofern wichtig, weil Personen, die nach Österreich zuwandern, erst in der Wanderungsstatistik erfasst werden, wenn sie mehr als 90 Tage in Österreich mit einem Hauptwohnsitz gemeldet sind.

Gerade die Flüchtlinge haben hier einen besonders großen Einfluss, weil sie fast alle aus muslimischen Ländern stammen. 2015 wurden knapp 90.000 Asylanträge in Österreich gestellt. 2016 waren es rund 42.000. Als vierte Kategorie für die Hochrechnung wird schließlich noch der Wechsel des Religionsbekenntnisses geschätzt. Dieser ist, im Gegensatz zu anderen Konfessionen, wo es einen sehr deutlichen Trend zu Säkularisierung in Form von Austritten gibt, bei Muslimen nur gering verbreitet. Goujon und ihr Team gehen von einer Säkularisierungswahrscheinlichkeit von etwa fünf Prozent bei den Muslimen in Österreich aus.

Die unbefriedigende Zahlenlage im Vergleich etwa zu den Katholiken lässt sich auch durch eine simple Organisationsfrage erklären. Denn die Islamische Glaubensgemeinschaft in Österreich (IGGiÖ), die Religionsvertretung der österreichischen Muslime, ist keine Kirche mit verpflichtender Zugehörigkeit. Zum Vergleich: Die katholische Kirche hebt von ihren Mitgliedern einen Kirchenbeitrag ein und führt daher auch ein Verzeichnis. Aus dem lassen sich sehr exakte Daten herauslesen. Auch die evangelischen Kirchen zählen ihre

Mitglieder und können so recht präzise Angaben machen. Eine Aufstellung der Religionen in Österreich sieht nach wie vor eine deutliche Mehrheit an Katholiken, die 5,16 Millionen Mitglieder haben, dahinter folgen die Muslime mit rund 700.000 und die Orthodoxen mit rund 500.000 Menschen. Die letzteren Werte beruhen allerdings nur auf Schätzungen. Dahinter folgen mit 302.964 Menschen die Protestanten. Geschätzt leben rund 15.000 Juden in Österreich. Und schließlich bleiben rund 2,1 Millionen Menschen, die anderen Religionen anhängen oder konfessionslos sind.

Abgesehen davon, dass Schätzungen und exakte Zahlen gegenübergestellt werden müssen, gibt es bei den Daten für Muslime noch eine weitere Schwäche: Wie viele von ihnen wirklich gläubig sind, lässt sich aus diesen Zahlen nicht ablesen. Wie viele der geschätzten 700.000 ihren Glauben überhaupt ausleben, wie streng sie das machen und nach welchen Traditionen, das findet sich in all diesen Daten nicht. Das lässt sich zwar etwa auch bei den Katholiken nicht feststellen, doch kann man zumindest aus der Zahlung des Kirchenbeitrags eine gewisse Bindung zur Kirche herauslesen. Auf muslimischer Seite fehlt dieser Indikator. Das Bild des monolithischen Blocks aller österreichischen Muslime, die allesamt regelmäßig in die Moschee gehen und für die die Religion einen besonders hohen Stellenwert hat, ist jedenfalls nicht haltbar.

Einen Anhaltspunkt dafür liefert unter anderem „Religion im Leben der ÖsterreicherInnen 1970–2010", eine 2011 veröffentlichte Langzeitstudie des Religionsforschers Paul M. Zulehner. Laut ihr gehört nur knapp jeder zweite Muslim in Österreich zur Gruppe der Praktizierenden. Rund ein Viertel zählt demnach zu den Säkularen. Religiöse Traditionen wie der Ramadan spielen aber auch bei dieser Gruppe noch eine Rolle – in Form eines Kulturislam, so wie auch säkulare Christen Feste wie Weihnachten oder Ostern feiern. Zwar liege laut der Studie die Religiosität der Muslime noch über derjenigen anderer Glaubensgemeinschaften, doch lasse sich auch hier ein Trend bemerken – dass nämlich der Glaube für die jüngere Generation einen deutlich geringeren Stellenwert hat als bei den Älteren. Vor allem bei den Zuwanderern aus Anatolien sei die Verbindung zwischen Kultur und Religion noch sehr stark. Jüngere und vor allem Frauen brechen diese Kombination zunehmend auf. Laut der Studie sind es vor allem Frauen, die ein moderneres Weltbild entwickeln und sich weg von traditionellen Rollenbildern bewegen – und die damit die Modernisierung unter den Muslimen antreiben.

Einen Trend zum säkularen Islam ortet auch „Muslimische Milieus in Österreich", eine 2012 begonnene Langzeitstudie des „Instituts für Islamische Studien" mit 700 Teilnehmern, die im Juni 2017 veröffentlicht wurde. Darin rechnen die Studienautoren Ednan Aslan, Jonas Kolb und Erol Yildiz rund 40 Prozent der befragten Muslime zu den eher Säkularen. Konkret ist das die Gruppe der „Kulturmuslime", die Religiosität nur im Sinne einer kulturellen Gewohnheit lebt, und eine Gruppe, die unter „ungebundene Restreligiosität" zusammengefasst wird. Beide Gruppen, glauben die Autoren, würden zunehmend an Bedeutung gewinnen. Die anderen rund 60 Prozent der Befragten werden als religiös betrachtet – allerdings in unterschiedlicher Intensität. Rund 14 Prozent davon, zusammengefasst unter „bewahrende Religiosität", richte ihr gesamtes Leben vorrangig nach religiösen Prinzipien aus. Knapp 27 Prozent würden eine pragmatische Religiosität leben, also etwa religiöse Rituale dem Rhythmus des Arbeitsplatzes anpassen und nicht umgekehrt. Und schließlich würden knapp 15 Prozent eine offene Religiosität leben, also individueller und weniger auf religiöse Autoritäten ausgerichtet.

Was bei aller Hinwendung zum Säkularismus in der Studie dennoch auffällt, sind Einstellungen, die die Autoren als „hoch fundamentalistisch" bezeichnen. Dazu zählen die Autoren etwa die Wertung der eigenen Religion als höherstehend bei gleichzeitiger Abwertung anderer Religionen. Allerdings haben die Autoren zwei wichtige Anmerkungen zu diesem Begriff. Zum einen, dass sich ein Hang zur Gewalt gegenüber Nichtmuslimen aus dieser Befragung nicht herauslesen lasse. Und zum anderen, ob bei einer solchen Umfrage unter Christen nicht auch ähnliche Ergebnisse herauskommen würden. Das gilt auch für Fragen, die weniger mit Religiosität als der Lebensweise zusammenhängen. So finde es etwa ein Drittel der Befragten „sehr bedrohlich", wenn das eigene Kind einen Partner mit anderer Religionszugehörigkeit heiraten würde.

Die Studie zeigt noch einen weiteren Aspekt des muslimischen Lebens, der in der Öffentlichkeit und in der medialen Darstellung oft vernachlässigt wird: dass nämlich nur ein geringer Teil der Befragten Mitglied in einem Moscheeverein ist – nicht einmal 20 Prozent laut der Studie. Wobei bei der Gruppe mit der „bewahrenden Religiosität" noch rund 42 Prozent, bei den pragmatisch Religiösen rund 26 Prozent zu einem Moscheeverein gehören.

Vereine bestimmen den religiösen Alltag

Diese Vereine sind es auch, die maßgeblich den Alltag der organisierten Religiosität bestimmen. Dabei handelt es sich vor allem um ethnisch oder nach Herkunftsstaaten zusammengesetzte Organisationen, allen voran die „Türkisch Islamische Union für kulturelle und soziale Zusammenarbeit in Österreich" (ATIB), den mit – je nach Angaben – 75.000 bis 100.000 Mitgliedern und mehr als 60 Vereinen größten muslimischen Verband Österreichs. Er untersteht dem staatlichen türkischen Präsidium für religiöse Angelegenheiten in Ankara. Der zweite große Player mit rund 30 Ortsvereinen ist die „Islamische Föderation", die zur türkischen Millî Görüş-Bewegung des 2011 verstorbenen türkisch-islamistischen Politikers Necmettin Erbakan gehört. Zahlenmäßig relevant ist auch noch die türkisch geprägte „Union Islamischer Kulturzentren" (Avusturya Islam Kültür Merkezleri Birliği, UIKZ), die mehr als 40 Moscheen unter ihrem Dach versammelt. Die zahlenmäßig starken türkischen Vereine sind es auch, die in der Islamischen Glaubensgemeinschaft in Österreich das Ruder übernommen haben. Zuvor war sie von der zahlenmäßig doch kleinen Gruppierung der Araber dominiert worden.

Die Araber dürften in der Bevölkerung Österreichs allerdings in den vergangenen Monaten wieder zugelegt haben – durch die Fluchtbewegungen aus Syrien und dem Irak, wenn auch nicht in der Dimension, dass sie die zahlenmäßige Dominanz der Türkeistämmigen und der Bosniaken berühren wird. Wobei die ethnische Herkunft nur ein Merkmal ist – und das muss sich nicht unbedingt in der Staatsbürgerschaft niederschlagen. Denn ein großer Teil der in Österreich lebenden Muslime sind mittlerweile österreichische Staatsbürger, ob eingebürgert oder bereits von Geburt an. Bei der Volkszählung 2001 lag der Anteil der Österreicher mit islamischem Religionsbekenntnis noch bei rund 28 Prozent. Die Schätzung des Integrationsfonds 2009 sah den Anteil der Muslime, die die österreichische Staatsbürgerschaft besitzen, bereits bei 49 Prozent. Ein Anteil, der in der Zukunft wohl weiter steigen wird, wenn die Einbürgerungsrate der letzten Jahre von 0,7 Prozent auf gleichem Niveau weiter praktiziert wird. Und damit auch ein Anteil, der am Ende auch als ein befürwortendes Argument für die Frage herhalten kann, ob der Islam denn nun zu Österreich gehört.

2.

Islam und Politik
Ein schwieriger Umgang

Oliver Pink

Drei nach links unten zeigende Pfeile: Das ist das traditionelle Parteisymbol der SPÖ. Diese drei Pfeile richten sich gegen Faschismus, Kapitalismus und – Klerikalismus. Die Auseinandersetzung mit der Kirche, mit der Religion und ihren Regeln, das war lange Zeit ein Kulturkampf für die sozialdemokratische Arbeiterbewegung, vor allem in ihren Anfängen. Im „Lied der Arbeit", der Hymne der österreichischen Sozialdemokratie, heißt es etwa: „Und wie einst Galilei rief, als rings die Welt im Irrtum schlief: Und sie bewegt sich doch!" Schon Karl Marx, der Ahnherr der Linken, hatte zuvor postuliert, Religion sei das Opium des Volkes.

Und heute? Die Linke ist, könnte man meinen, unter die Religionsversteher gegangen. Vor allem, wenn es um den Islam geht. Hier hat sich die politische Welt überhaupt in ihr Gegenteil verkehrt: Die ÖVP, jene Partei, die seit jeher am meisten für Religion übrighat, ist diesbezüglich nun überaus kritisch. Die FPÖ, von ihrer Historie her antiklerikal, hat wegen des Islams das Christentum für sich entdeckt. Zugespitzt unter anderem im polemischen Kampagnenslogan „Pummerin statt Muezzin".

Und die Vertreter linker Parteien wiederum sind auf einmal überaus verständnisvoll. Von Kulturkampf keine Spur mehr. Muslime werden in erster Linie als Minderheit gesehen, die man vor Diskriminierung beschützen müsse. Das Tragen eines Kopftuches wird von manchem gar zum feministischen Akt umgedeutet. Denn hier gehe es doch auch um die Selbstbestimmung der Frau.

Wer auf der Linken heute von diesem Denkschema abweicht, den Islam und seine politischen Auswüchse kritisch hinterfragt – wobei die Grenze zwischen Islam und Islamismus mitunter fließend ist –, handelt sich meist Schwierigkeiten mit den eigenen Gesinnungsfreunden ein. Wie etwa Efgani Dönmez und Peter Pilz, beides ehemalige Grüne. Der der Sozialdemokratie nahestehende Soziologe und Jugendforscher Bernhard Heinzlmaier brachte das am 30. Juni 2017 in einem Tweet auf den Punkt: „Wenn man das Christentum ablehnt, ist man Atheist, wenn man den Islam ablehnt, Rassist. Österreich im 21. Jahrhundert."

„Der Ton macht die Musik", meint Omar Al-Rawi, Gemeinderat der SPÖ in Wien, über die Islamkritiker. Man könne etwa sagen, Kindergärten, die die entsprechenden Qualitätskriterien nicht erfüllen, sollten geschlossen werden. Oder man könne sagen, alle islamischen Kindergärten sollten geschlossen werden. Wieso er als gläubiger Muslim ausgerechnet der traditionell antiklerikalen SPÖ beigetreten sei? „Mich hat Bruno Kreisky geprägt, die soziale Frage hat mich interessiert – ich wollte mich um den kleinen Mann kümmern – und wegen der Anti-Diskriminierungslinie der SPÖ." Der Sohn eines irakischen Anwalts und einer österreichischen Ärztin, der mit 17 Jahren nach Wien kam, ist heute Betriebsratsvorsitzender des Baukonzerns Strabag.

Der Philosoph Konrad Paul Liessmann hält es für möglich, dass die neue Toleranz der Linken gegenüber religiösen Phänomenen auch mit einer uneingestandenen Sehnsucht nach einer solchen Gesellschaft mit klaren Regeln und Rollenbildern zu tun haben könnte. Zudem eignen sich Muslime auch als (linke) Projektionsfläche für Anti-Rassismus, Anti-Kolonialismus und Anti-Kapitalismus. Denn der (politische) Islam ist auch eine soziale Bewegung. Vom „Wohlfahrtsausschuss" der Französischen Revolution zur „Wohlfahrtspartei" des Necmettin Erbakan, aus der dann auch Recep Tayyip Erdogans AKP hervorging, sozusagen.

Genau darin, in der Gegenbewegung zu den zuvor herrschenden säkularen, aber korrupten und undemokratischen Eliten in den islamischen Ländern, sieht Omar Al-Rawi die Ursache für die heutige Wirkmächtigkeit der Religion unter Muslimen. Die Zunahme der Kopftuchträgerinnen im öffentlichen Raum erklärt er damit, dass die Anzahl der Muslime in Österreich eben zugenommen habe. Dass viele Zuwanderer oder Asylwerber aus Gesellschaften kommen, die keine Demokratie kennen, und dass es etwa auch an Sensibilität beim Thema Antisemitismus mangle, sei natürlich ein Problem, räumt Al-Rawi ein. „Aber Demokratie muss man auch lernen." Er selbst habe das in der Hochschülerschaft oder als Betriebsrat getan. Prinzipiell hält er Islam und Demokratie aber für vereinbar.

„Also mit dem salafistisch-wahhabitischen Islam ist die Demokratie natürlich nicht vereinbar. Das ist eine Kampfansage", sagt Efgani Dönmez, der frühere Bundesrat der Grünen, der mittlerweile als Quereinsteiger zur ÖVP von Sebastian Kurz gewechselt ist. Und solche Strömungen gebe es mittlerweile auch bei uns. Im Frühjahr 2017 wurde ein mutmaßlicher Salafist aus der SPÖ geworfen. Und wie ist das mit islamistischen Strömungen wie jener der türkischen AKP? Dönmez hält diese nicht für so gefährlich. „Aber sie haben ihre Agenda: den öffentlichen Raum mit Religiosität zu prägen." Siehe die Zunahme der Kopftücher.

Spannung zwischen Staat und Religion

Die Auseinandersetzung mit Recep Tayyip Erdogans Türkei hat in den vergangenen Monaten auch die österreichische Politik maßgeblich beschäftigt. Und die Entwicklung der AKP ist symptomatisch für die zunehmende Radikalisierung im Spannungsverhältnis zwischen Staat und Religion. Am Anfang stand die schiitische Revolution im Iran 1979: Die sunnitischen Türken empfanden diese als Bedrohung. Sie fürchteten eine Ausbreitung und versuchten den nun offensichtlich zunehmenden Islamismus einzuhegen. Dies geschah zum einen durch Repression durch das Militär und die mit ihm verbundene laizistische Staatsführung. Zum anderen durch die Entstehung eines „islamischen Liberalismus", wie der Soziologe Cihan Tugal, Autor des Buches „Das Scheitern des türkischen Modells", das nennt.

Aus der „Wohlfahrtspartei" Necmettin Erbakans, die in den frühen Achtzigern gegründet worden war, ging um die Jahrtausendwende eine Reformbewegung junger muslimischer Politiker hervor, die eine Verbindung aus Demokratie, freier Marktwirtschaft und moderatem konservativem Islam anstrebte – die AKP. Als Vorbild dienten unter anderem auch die USA, wo wirtschaftlicher Erfolg und Religiosität kein Widerspruch sind. In den Medien war damals auch die Rede von einer „türkischen CSU", wenn es um Recep Tayyip Erdogans AKP in den ersten Jahren ihres Aufstiegs ging.

Und die AKP sorgte tatsächlich für Wirtschaftswachstum, ja sogar für ein Wirtschaftswunder, an dem nun breitere Bevölkerungsschichten partizipieren konnten. Gesellschaftspolitisch begann sich die Partei jedoch zusehends zu verhärten. Zum einen verlor sie das Vertrauen zum Westen, von dem sie glaubte, dass er etwa im Kurdenkonflikt zu einseitig, nämlich pro-kurdisch sei. Zum anderen standen Erdogan und seine Leute den zunehmenden Protesten gegen die AKP-Regierung, die in den Demonstrationen gegen ein geplantes Bauprojekt auf dem Gelände des Gezi-Parks einen ersten Höhepunkt fand, völlig verständnislos gegenüber. Sie betrachteten die Gezi-Bewegung als (linke) Gefahr, die man zum Wohle des Staates eindämmen müsse. Die Macht der linksgerichteten Gewerkschaften hatte die AKP schon in ihren Anfangszeiten gebrochen.

Was bedeutet das nun für Österreich? Wichtig sei es, diesen ausländischen Einfluss – ob durch ATIB (der österreichische Arm der türkischen Religionsbehörde Diyanet), Millî Görüş (eine türkisch-islamistische Bewegung) oder die Muslimbruderschaft – zurückzudrängen, meint Efgani Dönmez. „Das sind lauter Reaktionäre, die die Uhren zurückdrehen, den Islam nicht vorwärtsentwickeln, sondern Freiheiten demontieren wollen."

Auch Asdin El Habbassi, den muslimischen Nationalratsabgeordneten der ÖVP, stört, dass die politische Führung der Türkei ständig versuche, Kritik an der Türkei mit Kritik an der muslimischen Welt insgesamt gleichzusetzen. Grundsätzlich hält er – wenn man von radikalen Strömungen absieht – den Islam mit der Demokratie für vereinbar: „FDP-Chef Christian Lindner hat einmal gesagt: ‚Die Verfassung eines Landes ist heilig – egal an was man glaubt.'" Wichtig sei auch für ihn die Trennung von Staat und Religion.

El Habbassi ist Sohn eines gebürtigen Marokkaners und einer Salzburgerin. Diskriminierung habe er selbst nie erlebt, sagt der Betriebswirt und stellvertretende JVP-Chef. „Aber die Einstellung gegenüber der muslimischen Bevölkerung hat sich in den vergangenen Jahren schon verschlechtert." Die Zunahme der Kopftücher im öffentlichen Raum sieht er gelassen: „Ich halte Freiheit und Selbstbestimmung für sehr wichtig. Wenn kein Zwang dahintersteht und nicht in die Freiheit anderer eingegriffen wird, soll in einer freien Gesellschaft jeder tragen dürfen, was er möchte." Und was hat ihn, den gläubigen Muslim, in die christlich geprägte, katholisch dominierte ÖVP geführt? „Das politische Programm. Ich teile die christlich-sozialen Werte wie Solidarität, Subsidiarität und Eigenverantwortung."

Der Islam ist in Österreich seit 1912 als Religionsgemeinschaft anerkannt. Der Grund dafür war die Annexion Bosnien-Herzegowinas im Jahre 1908. Das Gebiet wurde aus dem zusehends geschwächten Osmanischen Reich herausgelöst, das zuvor Jahrhunderte über den Balkan geherrscht hatte. Mit ihm gab es immer wieder Berührungspunkte und Konfliktfelder. Beide Reiche, das der Habsburger und das der Osmanen, grenzten aneinander, der Gebietsgewinn des einen war der Gebietsverlust des anderen. Im kollektiven historischen Bewusstsein Österreichs sind die beiden Türkenbelagerungen noch immer fest verankert. 1529 und 1683 wollten die Osmanen Wien erobern, konnten die Stadt jedoch letztlich nicht einnehmen. Im Ersten Weltkrieg waren Österreich-Ungarn und das Osmanische Reich dann Verbündete. Danach gingen beide Reiche unter.

Das Thema lange der FPÖ überlassen

Mit dem Islam mussten sich die Österreicher erst wieder auseinandersetzen, als in Folge des wirtschaftlichen Aufschwungs nach dem Zweiten Weltkrieg türkische Gastarbeiter, vorzugsweise aus Anatolien, nach Österreich kamen. Die zweite große islamische Zuwanderungsgruppe waren Muslime aus Bosnien-Herzegowina, die ebenfalls als Gastarbeiter, später dann als Flüchtlinge der Zerfallskriege im früheren Jugoslawien nach Österreich gekommen waren. Vor allem die FPÖ machte die Zuwanderung in den 1990er-Jahren zum großen Thema. Später versuchte die Freiheitliche Partei zu trennen: in die „anpassungsfähigen" Zuwanderer, also die christlich Geprägten aus Südost- und Osteuropa, und in die „schwer integrierbaren" muslimischen Zuwanderer, vor allem jene aus der Türkei. Es gäbe kein Ausländerproblem, es gebe ein Türkenproblem, hieß es dann.

Das Thema Zuwanderung und Integration wurde lange der FPÖ allein überlassen. SPÖ und ÖVP erkannten recht spät, dass sie sich dessen auch annehmen sollten. „Offenbar hat die Integration nicht so gut funktioniert, wie man es lang erhofft hat", sagte Christian Kern, nachdem er Bundeskanzler geworden war, in einem „Presse"-Interview. „Da müssen wir heute feststellen, dass es da tatsächlich zu Parallelwelten gekommen ist." Parteifreund Omar Al-Rawi will nur bedingt von Parallelgesellschaften sprechen und sieht dahinter auch Community Building. „In Favoriten haben sie Leben in die Stadt zurückgebracht." Viele neue Lokale seien entstanden, in der Anmutung auch modernere als früher. Und die Wiener Märkte seien ohne Zuwanderer ohnehin nicht vorstellbar.

Der Umgang mit dem Islam ist dennoch ein schwieriger. Das Christentum ist heute politisch mehr oder weniger domestiziert, doch im Islam gibt es Richtungen, die das religiöse Gesetz über das weltliche stellen. Der säkulare Staat Österreich versucht hier einen Mittelweg. Auch weil die Erfahrungen aus explizit laizistischen Ländern wie Frankreich oder früher der Türkei zeigen, dass etwa ein Kopftuchverbot in Schulen oder Universitäten zu noch mehr Religiosität führen kann. So verbietet Österreich nur die Vollverschleierung im öffentlichen Raum und Kopftücher nur bei Berufen, die strikte Neutralität voraussetzen.

Im neuen Islamgesetz ist zum Beispiel das Recht der Muslime auf religiöse Betreuung, beim Bundesheer, in Haftanstalten oder Krankenhäusern, festgeschrieben. Auch islamische Speisevorschriften werden anerkannt. Dafür dürfen Imame und Interessenvertretungen der Muslime nicht mehr vom Ausland finanziert werden. Das ist nicht zuletzt deshalb von Bedeutung, weil etwa die IGGiÖ heute als von der türkischen AKP nahestehenden Organisationen unterwandert gilt.

Immerhin, attestiert Efgani Dönmez, habe bei den österreichischen Parteien mittlerweile ein „Erwachen" eingesetzt. Zuvor seien die reaktionären Islam-Vertreter unter dem Deckmantel von Antirassismus und interreligiösem Dialog hofiert wurden. Natürlich auch, um Stimmen zu gewinnen. Denn habe man den Chef einer dieser straff organisierten Gruppen auf seiner Seite, dann habe man auch den Großteil der Gruppe selbst. Geschehen sei dies vor allem über die Wirtschaftsflügel von SPÖ und ÖVP. „Aber da gibt es nun ein Umdenken." Nicht zuletzt auch bei der SPÖ.

3.

Islam und katholische Kirche

Mehr Neben- als Miteinander

Dietmar Neuwirth

Die Personen und die Handlung sind nicht frei erfunden. Etwaige Ähnlichkeiten mit tatsächlichen Begebenheiten oder Personen wären nicht rein zufällig. Also: Es war einmal eine katholische Pfarre, die ihre Türen weit aufgemacht hat. Viele Mitglieder, vom örtlichen Priester wurden bei Weitem nicht alle regelmäßig in der Kirche bei der Messe gesehen, haben aber nicht wenigen muslimischen Flüchtlingen unter nicht wenigen Anstrengungen zunächst ein Dach über dem Kopf, ein Bett, dann auch Verköstigung und andere Hilfestellungen geboten, um ein Leben unter den Rahmenbedingungen der Flucht möglichst erträglich zu gestalten.

Als besonders engagiert haben sich dabei Jugendliche erwiesen, im üblicherweise eher schwierigen Alter so um die 14 Jahre. Sie haben schon am Morgen, noch vor dem Gang in die Schule, „ihre" Flüchtlinge besucht, Gebäck mitgebracht und ihnen beim Zubereiten des Frühstücks geholfen. Die Jungen waren das, was man wohl hoch motiviert nennen darf. Und nach der Schule führte ihr Weg oft nicht gleich nach Hause zum Mittagessen, Fernsehen oder zu YouTube, sondern wieder zu den Gästen von weit her, zum Fußballspielen, Plaudern oder, wie man altersgerecht sagen würde, Chillen. So sind rasch gute Bekanntschaften entstanden, aus Flüchtlingen wurden schließlich Freunde, zumindest scheinbar.

Dann kam er schließlich doch, der zwar lang verdrängte, aber doch zu erwarten gewesene Tag des Abschieds. Den Flüchtlingen wurde von Behörden und Hilfsorganisationen anderswo ein Quartier zugewiesen, sie mussten weiterziehen. Als die Österreicher, wie das eben üblich und durchaus naheliegend ist, die Smartphones in die Hand nahmen, um Telefonnummern mit ihren neuen, ungefähr gleichaltrigen muslimischen Freunden auszutauschen, reagierten die plötzlich ganz anders, als zu erwarten war – irgendwie verstört und distanziert. Warum nur? Ihre Entschuldigung, die sie für die staunenden katholischen Österreicher parat hatten: „Wir dürfen mit Christen nicht befreundet sein, nur mit Muslimen."

Diese Geschichte hat sich in Österreich tatsächlich ereignet. Der Ort tut nichts zur Sache. Sehr wohl etwas zur Sache tut hingegen die Erkenntnis, die daraus gewonnen werden kann: Der Islam, wie er zumindest außerhalb Europas offenbar breitflächig verstanden, gelehrt und gelebt wird, hat noch großen Nachholbedarf, was die Implementierung in eine säkulare, pluralistische Gesellschaft betrifft. Darin kommt nun dieser Religionsgemeinschaft kein Alleinstellungsmerkmal zu. Denn auch die katholische Kirche hatte jahrzehntelang ihre Probleme mit einer Anpassung an eine sich grundlegend verändernde Gesellschaft – und hat sie im Grunde noch heute dann und wann. Auch das Verständnis von Religionsfreiheit und die Akzeptanz, dass es Heil auch außerhalb der katholischen Kirche gibt, musste in einem schwierigen Prozess reifen. Selbst hohe und höchste katholische Würdenträger sind gelegentlich auch heute noch nicht davor gefeit, zu Missverständnissen zu provozieren.

Entrüstung über den Kardinal

Wir erinnern uns an die Wellen, die eine unglückliche Aussage Kardinal Christoph Schönborns national wie international und bis tief in die muslimische Welt geschlagen hat. Ausgerechnet jenes Schönborn, der zur Islamischen Glaubensgemeinschaft gute Kontakte pflegt, der Reisen in muslimisch geprägte Länder absolviert, mit den Sternsingern Wiens erste Moschee in Floridsdorf besucht hat und als erster Kardinal überhaupt mit den weltlichen und religiösen Spitzen der Islamischen Republik Iran zusammengetroffen ist. Eben dieser sorgte für gehörige Irritationen. Schönborn, der sich in Österreich mit Verweis auf das Recht der freien Religionsausübung trotz Gegenwinds klar für den Bau von Moscheen und Minaretten ausgesprochen hat, meinte bei der Maria-Namen-Feier an jenem 11. September 2016 wörtlich: „Heute vor 333 Jahren ist Wien gerettet worden. Wird es jetzt einen dritten Versuch einer islamischen Eroberung Europas geben? Viele Muslime denken und wünschen sich das und sagen: Dieses Europa ist am Ende."

Nach einem Sturm der Entrüstung von islamischer Seite und vielen besorgten Anfragen im Wiener Erzbischöflichen Palais aus der halben Welt sah sich der Kardinal zu einer Klarstellung genötigt. Er habe in seiner Predigt ein glaubwürdiges, lebendiges Christentum eingemahnt, dieses brauche den Islam nicht zu fürchten. Und, so Schönborn weiter: Dass der Islam als Religion immer mehr Einfluss in Österreich gewinne, bereite vielen Menschen Sorge. Aber, wie er sich hinzuzufügen beeilte, das sei eben nicht als ein Vorwurf an Muslime zu verstehen, sondern als eine ernste Anfrage an Österreich.

Die österreichischen Bischöfe haben mittlerweile, von der Öffentlichkeit bisher weitgehend unbemerkt, zuletzt auch insgesamt eine interessante Korrektur vorgenommen. Man soll derartige strukturelle Dinge nicht überbewerten, aber ein bemerkenswertes Faktum ist es schon, dass die Österreichische Bischofskonferenz eine „Kommission Weltreligionen" gegründet hat. Vor allem dann, wenn man weiß, dass es gar noch nicht so lange her ist, dass die Kontaktstelle für Weltreligionen der Bischofskonferenz aus Kostengründen eingestellt wurde. Bischof Werner Freistetter – Chef von Österreichs zehnter Diözese, jener für das Bundesheer nämlich, und im Episkopat referatsmäßig für den Dialog mit den Weltreligionen zuständig – wurde mit der Leitung der neuen Kommission beauftragt. Sie setzt sich aus den in den einzelnen Diözesen dafür abgestellten Spezialisten und aus anderen Experten zusammen. Dabei sollen an der Basis gemachte Erfahrungen auf der Österreich-Ebene ausgetauscht, überregionale

Initiativen gefördert und, nicht zu vergessen, Rückmeldungen über Erfolge und Probleme an die Bischöfe gegeben werden, die dadurch eine zusätzliche Sensibilisierung für das Thema erfahren. Durch die Etablierung dieser neuen Kommission sind zwar im Dialog zwischen Christen und Muslimen jetzt auch keine Wunder zu erwarten, sie zeugt aber wenigstens von einem Bewusstseinswandel in der katholischen Hierarchie.

Einer, der diesen Dialog seit mehr als zehn Jahren in Österreich wohl am intensivsten pflegt, ist der Wiener Martin Rupprecht. Er ist – angesichts der nationalen Verteilung der Muslime in Österreich durchaus hilfreich –, der türkischen Sprache mächtig, katholischer Pfarrer im 15. Wiener Bezirk und nach vieljähriger Tätigkeit als Islambeauftragter der Erzdiözese Wien nun offiziell persönlicher Islamberater Kardinal Schönborns. Er erinnert sich: „Als wir im Jahr 2001 im Vikariatsausschuss Weltreligionen über Möglichkeiten des Dialoges nachdachten, da stellten wir fest, dass uns deutsch sprechende, theologisch kompetente Ansprechpartner in Wien fehlen. 15 Jahre später hat sich das komplett gewandelt. Es ist also ein großer Reifeprozess im Gange. Es gibt einen unglaublichen Lernprozess auch in der Community."

Aber Rupprecht sieht und benennt gleichzeitig auch Schwächen, indem er an die Community appelliert: „Eine echte Suche nach den Ursachen des Islamismus ist unbedingt erforderlich. Man muss sich fragen: Wo sind die Wurzeln, was hat sich in der Theologie zu ändern, um nicht zu diesen faulen Früchten zu kommen. Wenn immer gegen Ungläubige gehetzt wird, dann gehören auch die faulen Früchte zu mir." Er verweist selbstkritisch auf die Geschichte der katholischen Kirche, die 1.800 Jahre gebraucht habe, eine positive Linie zum Judentum zu finden. Rupprecht: „Sie hat sich jahrhundertelang antisemitisch geäußert, da war es logisch, dass es grausame Folgen gibt." Da Christen wie Muslime, sinnbildlich wie höchst real, im selben Haus lebten, gebe es auch nur eine gemeinsame Zukunft. Der Islamexperte schlussfolgert daraus: „Da braucht es die Ehrlichkeit in dieser Suche und nicht automatisch die Abwehr und das Einnehmen der Opferrolle. Damit tut sich die islamische Community noch schwer." Die Rede über Islamophobie halte er in diesem Zusammenhang für alles andere als hilfreich.

Muslime in einer säkularen Welt

Gehört der Islam also nun zu Österreich? Rupprechts Antwort: „Ja, wenn 600.000 oder 700.000 Muslime in Österreich leben und hier ihre Religion in Ruhe ausüben wollen, dann gilt das genauso wie für die Beantwortung der Frage, ob die Sikhs zu Österreich gehören." Andere Theologen wiederum sehen diese Frage an sich falsch gestellt. Österreich verfüge zweifellos über eine seit Jahrhunderten gebildete starke christliche Prägung, habe aber keine Staatsreligion, sondern ein kooperatives Verhältnis zu allen Religionsgemeinschaften. Selbstverständlich gehörten daher alle hier lebenden Menschen zu Österreich, völlig unabhängig davon, woran sie glauben – oder auch nicht glauben.

Völlig unabhängig davon bleibt die Grundfrage, die sich besonders für den Islam stellt: Wie nun als Gläubiger in einer multikulturellen, pluralistischen, säkularen Welt leben? Für die Mehrheit der Muslime stellt das ganz offensichtlich kein großes Problem dar. Dennoch: Studien, die dann und wann erscheinen, alarmieren. Als Beispiel sei die Studie „Muslimische Milieus in Österreich" des Instituts für Islamische Studien der Universität Wien unter Leitung von Ednan Aslan aus dem Jahr 2017 genannt, wonach jeder dritte nicht in einem Moscheeverein organisierte Muslim über – laut den Autoren – „hoch fundamentalistische" Einstellungen verfüge. Das legt den Verdacht nahe, dass da noch einiges zu tun bleibt, theologisch zu reflektieren, danach Seelsorger entsprechend auszubilden und schließlich in die Praxis umzusetzen.

Seit Beginn des Studienjahres 2017 bietet die Universität Wien nach längeren Vorbereitungen und unter Auswertung der wenigen diesbezüglichen europäischen Modelle das Fach Islamisch-Theologische Studien an, das mit dem Bachelor abgeschlossen werden kann. Auch die zu Beginn 2017 eingerichtete Professur für klassische und moderne Koranexegese ist dem Bemühen geschuldet, als Universität – bei Respektierung der Grenzen zwischen Staat und einer Religionsgemeinschaft – für die bestmögliche Heranbildung von Pädagogen zu sorgen. Und auch zur Herausbildung einer europäischen Spielart des Islam, der zum Role Model oder Motor für die gesamte islamische Welt werden könnte. Auch hinsichtlich des Dialogs der katholischen Kirche mit dem Islam gibt es einige institutionalisierte Angebote. So bieten die „Theologischen Kurse" seit Jahren einschlägige Module an. Und in Salzburg ist der Lehrgang „Interreligiöse Spiritualität" entstanden.

Das war nicht immer so. Eingeleitet hat die Wende im Verhältnis der katholischen Kirche zum Islam das Zweite Vatikanische Konzil. Knapp vor dessen Ende, nur einein- halb Monate vor dem Abschluss dieser Versammlung, wurde 1965 die Erklärung „Nostra aetate: Über das Verhältnis der Kirche zu den nichtchristlichen Religionen" mit 2.221 Ja- bei 88 Nein-Stimmen angenommen und feierlich verkündet. Besondere Bedeutung erhielt dieser vergleichsweise kurze, in fünf Kapiteln gegliederte Text (zunächst) wegen seiner klaren Absage an jede Form von Antisemitismus und seiner völligen Neudefinition des Verhältnisses der katholischen Kirche zum Judentum, die Papst Johannes XXIII., der das Konzil initiiert hatte, dessen Ende allerdings nicht mehr erlebte, ein großes Anliegen war. Gleichsam als Nebenprodukt drückten die Konzilsväter auch in zwei Absätzen ihre „Hochachtung" gegenüber den Muslimen aus. Und sie riefen dazu auf, „das Vergangene beiseite zu lassen, sich aufrichtig um gegenseitiges Verstehen zu bemühen und gemeinsam einzutreten für Schutz und Förderung der sozialen Gerechtigkeit, der sittlichen Güter und nicht zuletzt des Friedens und der Freiheit für alle Menschen".

Das Dokument blieb nicht ohne Folgen. Papst Johannes Paul II. hat 2001, ein halbes Jahr vor den Anschlägen auf das World Trade Center in New York, als erster Papst in der Kirchengeschichte seine langsamen Schritte in eine Moschee gesetzt. In Österreich galt Kardinal Franz König diskret im Hintergrund als Befürworter des Baus der bis heute größten Moschee Österreichs in Wien und öffentlich als Rufer in der Wüste, dass sich der Islam zu einer Herausforderung für Europa entwickeln werde. Nach-Nachfolger Christoph Schönborn ist nun genau damit konfrontiert.

Fazit der Situation in Österreich: Es ist nicht so, dass das Verhältnis zwischen Islam und Kirche nur mit einem Nebeneinanderher-Leben umschrieben werden kann. Es existiert zumindest auf der Ebene der Hierarchie gegenseitiger Respekt und das Bewusstsein, dass es ein Miteinander, das diesen Namen auch verdient, geben und dass jedenfalls ein Rückfall in ein Gegeneinander verhindert werden muss. Nüchtern betrachtet bleibt dieses Miteinander von Muslimen und Christen im Einsatz für eine Mitgestaltung der Gesellschaft im Grunde aber auch mehr als fünf Jahrzehnte nach dem bahnbrechenden Dokument über das Verhältnis von Katholiken zu Muslimen ein Desiderat. Oder, knapper ausgedrückt: Es gibt noch Luft nach oben.

4.
Islam und Wirtschaft
Österreichs Halal-Ökonomie

Jakob Zirm

Halal. Diese fünf Buchstaben sind auch in Österreich immer öfter zu sehen. Meist auf den Eingangstüren von Dönerlokalen, immer häufiger aber auch auf den Verpackungen von Fleisch oder anderen Lebensmitteln – zumindest wenn es sich um einen türkischen Ethnosupermarkt handelt. Grund dafür ist, dass der Islam auch für die Wirtschaft eigene Regeln hat. Nicht alles ist halal – also erlaubt. Dazu gehören Schweinefleisch und Alkohol genauso wie Glücksspiel oder Zinsen. Deshalb können auch Bankprodukte dezidiert halal sein, also den islamischen Regeln entsprechen. In vielen westlichen Ländern ist daher bereits eine richtiggehende Halal-Industrie entstanden: von Islamic

Banking über Halal-Lebensmittel bis hin zur Zertifizierung all dieser Produkte. Auch in Österreich gibt es diesbezüglich in jüngster Zeit eine rege Entwicklung, allerdings noch auf relativ niedrigem Niveau.

Denn damit Muslime als Zielgruppe für spezifische wirtschaftliche Angebote interessant werden, müssen sie in einem Land einen relevanten Markt darstellen. Das ist in Österreich in den vergangenen Jahren geschehen. Wie groß dieser Markt heutzutage wirklich ist, kann aber nur geschätzt werden. Denn es gibt keine offiziellen Statistiken, die die wirtschaftliche Leistungsfähigkeit der Bevölkerung auf ihr Religionsbekenntnis aufschlüsseln, sondern lediglich Schätzungen. Diese weisen jedoch eine deutliche Spreizung auf. So kamen die Marktforscher von „GfK Austria" im Jahr 2013 allein für die türkischstämmige Bevölkerung in Österreich auf ein Potenzial von jährlichen Konsumausgaben in Höhe von vier Milliarden Euro. Die auf Ethnomarketing spezialisierte Beratungsagentur „Brainworker" rechnete indes im Mai 2017 deutsche Zahlen für die Gesamtheit aller rund 700.000 in Österreich lebenden Muslime hoch und kam dabei auf eine jährliche Kaufkraft von einer Milliarde Euro.

Klar ist jedenfalls, dass die Kaufkraft der Muslime in Österreich stark mit ihrer Erwerbstätigkeit verknüpft ist. Jedoch werden auch in diesem Bereich die Statistiken der „Statistik Austria" oder des „Österreichischen Integrationsfonds" (ÖIF) nicht nach Religion, sondern nur nach Staatsangehörigkeit und dem damit verbundenen Migrationshintergrund aufgeschlüsselt. Explizit als Herkunftsländer ausgewiesen werden dabei meist nur Ex-Jugoslawien und die Türkei. Letztere ist laut der „Islamischen Glaubensgemeinschaft in Österreich" (IGGiÖ) zwar das Herkunftsland von 44 Prozent aller Muslime in Österreich. Die Frage ist dennoch, wie repräsentativ diese Zahlen für die Gesamtheit der heimischen Muslime sind. Weder bei der „Statistik Austria" noch beim ÖIF möchte man dazu eine Einschätzung geben.

Und auch bei der IGGiÖ selbst zeigt man sich skeptisch. „Türkische Muslime machen zwar beinahe die Hälfte aller Muslime in Österreich aus", sagt der stellvertretende Generalsekretär der IGGiÖ, Mouddar Khouja, der sich vor allem um wirtschaftliche Belange des Islam kümmert. In Summe sei die Gemeinschaft hinsichtlich ihres wirtschaftlichen Backgrounds aber sehr heterogen. So würden sich beispielsweise Iraner – viele davon Ärzte und Wissenschaftler mit hohem Bildungsgrad – in ihrer finanziellen Leistungsfähigkeit in der Regel deutlich von Türken unterscheiden.

Geringere Erwerbstätigkeit bei Migranten

Dennoch können auch aus den offiziellen Statistiken zumindest Näherungswerte an das mögliche wirtschaftliche Potenzial der muslimischen Bevölkerung in Österreich herausgelesen werden. So verzeichnen Migranten etwa grundsätzlich eine höhere Arbeitslosenquote als Personen ohne Migrationshintergrund. Während 2015 die allgemeine Arbeitslosigkeit bei 9,1 Prozent lag, vermeldete das AMS für Menschen mit türkischem Migrationshintergrund einen Wert von 19,8 Prozent. Aber auch Menschen aus anderen – mehrheitlich muslimischen – Ländern verzeichneten höhere Werte. Demnach lag die Arbeitslosenquote bei Iranern bei 27,5 Prozent, bei Kosovaren bei 35 Prozent, bei Afghanen bei 46,4 Prozent und bei Syrern bei 74,7 Prozent.

Eine Folge davon ist eine geringere Erwerbstätigkeit jener Migrantengruppen, die auch einen großen Teil der islamischen Gemeinschaft ausmachen. So liegt die Erwerbstätigenquote in Österreich insgesamt bei 71,1 Prozent. Nimmt man die – gesondert ausgewiesenen – türkischen Migranten, erhält man nur mehr eine Quote von 54,1 Prozent (bei Frauen gar nur 42,4 Prozent). Der Wert für Menschen, die nicht aus Österreich, anderen EU-Ländern, Ex-Jugoslawien oder der Türkei stammen, liegt mit 52,4 Prozent nochmals darunter. Die jüngste Flüchtlingswelle 2015 verschärfte die Situation, weil die Menschen, die damals ins Land kamen, größtenteils noch nicht in den Arbeitsmarkt integriert sind.

Auswirkungen auf die wirtschaftliche Leistungsfähigkeit haben aber auch die Branchen, in denen diese Menschen tätig sind. Personen mit Migrationshintergrund fänden vornehmlich in schlechter bezahlten Branchen wie dem Tourismus und der Gastronomie, Unternehmensdienstleistungen sowie Kunst und Unterhaltung Jobs, so der ÖIF. Unterdurchschnittlich stark sind Menschen mit Migrationshintergrund hingegen in den meist deutlich besser bezahlten Bereichen wie der öffentlichen Verwaltung oder der Energie- und Wasserversorgung beschäftigt. Auch im Bildungswesen oder bei Banken und Versicherungen findet man Menschen mit Migrationshintergrund eher selten. Eine schwächere Kaufkraft kann sich aber auch durch ein geringeres Lebensalter ergeben. So waren im Jahr 2016 bei den 25- bis 34-Jährigen 28,6 Prozent im Ausland geboren worden, während dies bei den 55- bis 64-Jährigen nur bei 17,1 Prozent der Fall war.

Unter dem Strich dürfte das in vielen Fällen wohl zu einem geringeren Nettoeinkommen führen. Hierzu weist der ÖIF nur für Türkischstämmige eine gesonderte Zahl aus: Diese liegt mit einem jährlichen Netto-Medianeinkommen von 18.912 Euro um gut 5.000 Euro unter dem Wert von Österreichern ohne Migrationshintergrund. Interessant ist dabei allerdings, dass es je nach Bundesland zum Teil massive Unterschiede gibt. So beträgt die Differenz in Wien mit einem Netto-Jahreseinkommen von 25.151 bei den Österreichern ohne Migrationshintergrund verglichen mit einem Einkommen von 16.920 bei den Türkischstämmigen mehr als 8.000 Euro. In Vorarlberg hingegen, das nach Wien über die gemessen an der Bevölkerungszahl zweitgrößte türkische Community aller Bundesländer verfügt, ist der Unterschied mit 2.500 Euro wesentlich kleiner. Vorarlberger ohne Migrationshintergrund verdienen im Schnitt 25.021 Euro netto im Jahr, jene mit einer Herkunft aus der Türkei 22.500.

Muslime als relevante Kundengruppe

Aber auch wenn die islamische Gemeinde – die zu großen Teilen Migrationshintergrund hat – im Schnitt wirtschaftlich hinter den Österreichern ohne Migrationshintergrund hinterherhinken dürfte, stellt sie in ihrer Gesamtheit bereits eine relevante Kundengruppe dar. Ein Potenzial, das von der heimischen Wirtschaft oft noch zu wenig wahrgenommen werde, sagt Mouddar Khouja von der IGGiÖ. Beispielsweise beim Thema der Scharia-konformen Bankdienstleistungen.

Es ist für gläubige Muslime sowohl verboten, Zinsen zu erhalten als auch Zinsen zu bezahlen. Das kann jedoch bei vielen größeren Investitionen zu einem Problem führen – etwa wenn eine Eigentumswohnung angeschafft werden soll, für die nicht genügend Eigenkapital vorhanden ist. Die Lösung dafür sind Mietkauf-Konstruktionen, bei denen eine Bank die Wohnung kauft und mittels fixer Raten an den eigentlichen Käufer weiterverkauft. Eine teure Lösung, weil zweimal Grunderwerbssteuer und die damit verbundenen Gebühren gezahlt werden müssen. Für viele gläubige Muslime aber die einzig gangbare. In Österreich würden solche Angebote jedoch nach wie vor fehlen, sagt Khouja. „Die Banken nehmen die muslimische Community immer noch nicht explizit als Kundengruppe wahr."

Dies scheint sich allerdings langsam zu ändern. So reagierte die „Wiener Städtische" auf die Nachfrage nach Scharia-konformen Anlageprodukten und vertreibt seit 2014 einen entsprechenden Fonds der französischen Großbank BNP Paribas. Übertrieben groß sei die Nachfrage bislang allerdings noch nicht gewesen, heißt es bei der Versicherung. Bisher gebe es erst rund zwanzig Verträge, bei 1,4 Millionen Verträgen in Summe.

Auch beim Zahlungsverkehr gibt es seit 2016 ein Angebot. So bietet die Bawag-PSK inzwischen ein Konto an, das mit fixen Gebühren versehen ist – bei dem also keine Zinsen anfallen. Die Bawag will es zwar explizit nicht als „Islamic Banking" verstanden haben, sondern als Produkt, das für alle Kunden gedacht ist, die „fixe Kontoführungsgebühren bevorzugen". Dennoch erklärte der ehemalige Bawag-Chef Byron Haynes in einem Interview mit der „Presse" Anfang April 2016, dass die österreichischen Muslime aus Sicht der Bawag „mit Bankdienstleistungen unterversorgt" sind.

Wie gut das Konto am Markt angenommen wird, will man bei der Bawag nicht sagen. Nur so viel: Man habe bisher Kunden aus allen Bevölkerungsgruppen gewinnen können. Warum die Bank bei dem Thema zurückhaltend ist, könnten die öffentlichen Reaktionen angesichts der Berichterstattung bei der Einführung des Kontos erklären. So gab es vor allem in Internetforen und sozialen Medien viel Kritik. Mit einem

Scharia-konformen Bankprodukt würde einer Islamisierung Vorschub geleistet, so die Argumentation.

Noch wesentlich heftiger waren die Reaktionen wenige Monate zuvor, als die Handelskette Spar im November 2015 ankündigte, künftig auch Fleisch anzubieten, das nach islamischen Regeln geschlachtet wurde, also halal ist. „Im Nachhinein gesehen war es eine Verkettung unglücklicher Umstände", sagt man bei Spar heute dazu. Der Verkauf wurde monatelang vorbereitet, die Einführung erfolgte dann zum Höhepunkt der Flüchtlingskrise. Spar sah sich sofort mit viel öffentlicher Kritik konfrontiert – von Tierschützern und Islamkritikern, aber auch von Moslemvertretern, die meinten, das angebotene Fleisch sei gar nicht halal. Über tausend Beschwerden habe es pro Tag gegeben. Aufgrund der heftigen öffentlichen Reaktionen wurde der Verkauf bereits Anfang Dezember 2015, wenige Wochen nach der Einführung, wieder gestoppt. Dies geschehe „aufgrund der (unbegründeten!) Vorwürfe und der überhitzen Facebook-Diskussion", hieß es damals auf der Website des Unternehmens. „Als Nahversorger für alle Bevölkerungsgruppen sind wir traurig und schockiert über den Tonfall der Diskussionen, ziehen aber unsere Konsequenzen." Ein Schritt, der dem Unternehmen jedoch neuerlich viel Kritik einbrachte.

Oft scheint auch einfach das Timing das Problem zu sein. So verkauft Konkurrent Rewe bereits seit Langem Halal-Fleisch in seinen Merkur-Filialen. Ein großes Thema war das bislang nicht. Ein großes Geschäftsfeld allerdings auch nicht, heißt es bei der Supermarktkette. Es handle sich dabei nur um einige wenige Produkte – beispielsweise Rinderfaschiertes. 2016 verkaufte Rewe davon 20 Tonnen, etwa ein Prozent des in Summe verkauften Faschierten. Dieser Anteil sei in den vergangenen Jahren weitgehend konstant geblieben. Der

Grund dafür dürfte auch sein, dass das meiste Halal-Fleisch in Österreich über kleine Ethnosupermärkte verkauft wird. Vielfach handelt es sich dabei um günstigeres importiertes Fleisch. Letzteres ist auch der Grund, warum man bei Spar inzwischen von einer neuerlichen Einführung absieht. „Wir hätten nur österreichisches Fleisch genommen. Und das wäre im Verhältnis wahrscheinlich ohnehin zu teuer gewesen." Wie groß der Markt mit Halal-Fleisch in Österreich nun ist, kann aufgrund dieser Zersplitterung des Angebots nicht gesagt werden. Offizielle Zahlen, wie viel jährlich über die Ladentische geht und welche Umsätze damit erzielt werden, gibt es nicht.

Wenn Halal für österreichische Firmen bereits heute ein Geschäft ist, dann eher im Export. So hätten sich bereits hundert heimische Produktionsbetriebe bei ihm eine Halal-Zertifizierung geholt, sagt Günther Ahmed Rusznak vom „Islamischen Informations- und Dokumentationszentrum Österreich" (IIDZ). Tendenz steigend. Das IIDZ gibt wie die IGGiÖ Halal-Zertifikate für heimische Fleischproduzenten aus, darüber hinaus auch für Betriebe aus anderen Branchen. „Wir zertifizieren Getränkefirmen, Molkereien, Hersteller von Enzymen und Aromen und auch Papierproduzenten", so Rusznak. Bei Letzteren werde etwa geprüft, dass im Papier keinerlei Schweine-DNA mehr zu finden sei. Das könnte bei Recyclingpapier nämlich durchaus der Fall sein, wenn im dafür verwendeten Altpapier Verpackungen von Schweinefleischprodukten verwendet wurden.

Die von ihm zertifizierten Firmen würden zwar auch den heimischen Markt beliefern, zu 80 Prozent gehe es jedoch um das Exportgeschäft, vornehmlich in den Nahen Osten und islamische Länder in Asien wie Indonesien. Oftmals seien die heimischen Firmen auch Zulieferer deutscher oder französischer Hersteller. Hier würde die Halal-Konformität einen neuen Exportmarkt eröffnen, denn in den arabischen Emiraten oder Saudi-Arabien haben gewisse Produkte ohne ausreichende Zertifizierung kaum Chancen auf dem Markt.

Dass der Export in islamische Länder ein nicht zu unterschätzender Faktor für die heimische Wirtschaft ist, sieht man auch bei der IGGiÖ so: Ausfuhren in islamische Länder würden in Summe zwischen fünf und sechs Milliarden Euro pro Jahr ausmachen, was gut 70.000 Arbeitsplätze in Österreich sichere.

5.

Islam und Kindergarten
Radikalisierung und Skandalisierung

Eva Winroither

Wien ist in Aufruhr an diesem 5. Dezember 2015. Am Vortag hat Ednan Aslan, Professor für Islamische Religionspädagogik an der Universität Wien, gemeinsam mit Außen- und Integrationsminister Sebastian Kurz (ÖVP) einen Zwischenbericht zu einer Studie über muslimische Kindergärten in Wien präsentiert. Die Aussagen des gut 25 Blatt umfassenden Dossiers hätten skandalöser nicht sein können: In den Kindergärten, insbesondere aber Kindergruppen, würde eine Parallelgesellschaft aufgebaut. Es gäbe Kindergärten mit Curricula, die von jenen „einer Koranschule kaum zu unterscheiden" seien. Die Trägervereine hätten wiederum eine Nähe zu extrem konservativen, teilweise fundamentalistischen Strömungen des Islam. Kurzum: In Kindergärten werde ein gezielt islamisches Umfeld geschaffen, mit dem Ziel, die Kinder „vor dem moralischen Einfluss der Mehrheitsgesellschaft" zu schützen, so die Kernbotschaft des Projektberichts. Für Integrationsminister Kurz war damit klar: Viele der Islam-Kindergärten gehören sofort geschlossen. Jener 5. Dezember 2015 ist auch deswegen ein besonderer Tag, weil er den Anfang einer Diskussion um das Wiener Kindergartensystem markiert, in dessen Folge zwei Behörden der Stadt ihre Arbeit komplett umkrempeln mussten, aber auch die Frage nach religiöser Bildung in Kindergärten – besonders wenn es um den Islam geht – erstmals in der Breite öffentlich thematisiert wurde. Und das, obwohl es kaum Fakten und Definitionen zu dem Thema gab und gibt.

Auf die Vorstudie folgte sofort Kritik. Zwar waren die Vorwürfe schwerwiegend, doch Belege für sie gab es kaum. Der Zwischenbericht war das vorläufige Ergebnis einer „Vorstudie", wie sie später genannt werden würde. Schon damals schrieb Aslan, dass die „ideologische, ethnische und theologische Vielfalt" der Kindergärten und -gruppen eine „auf drei Jahre aufgeteilte ausführliche Studie benötige, um daraus relevante Daten für die Verbesserung der Situation muslimischer Kindergärten und -gruppen ableiten zu können".

Für seine Untersuchung hatte Aslan nur mit fünf Kindergärten persönlich Kontakt, da ihm andere die Auskunft verweigert hatten. 24 weitere Kindergärten und -gruppen wurden nur anhand von Vereinsregistern sowie Flyern und Aussagen auf der Homepage analysiert. Dazu kamen Gespräche mit neun Elternteilen, deren Kinder solche Einrichtungen besuchen oder besuchten. Auch drei Ex-Mitarbeiterinnen wurden befragt. Zum Vergleich: Aslan schätzte die Zahl der muslimischen Betreuungseinrichtungen damals auf

150 Kindergärten und 450 Kindergruppen, die 10.000 Kinder betreuten. Die angeführten Beweise hatten Schwächen: Er legte etwa eine Kopie eines Koran-Lehrplans vor, ohne dass ersichtlich war, ob dieser überhaupt aus einem Kindergarten stammte. Viele Behauptungen hatten keine Quellenangaben oder stützten sich auf einzelne Aussagen aus Interviews mit Eltern und Pädagoginnen. Damit blieben viele Vorwürfe nicht nachvollziehbar. Nicht umsonst bemängelte die Kommunikations- und Sozialwissenschaftlerin Andrea Schaffar in einem Eintrag auf dem Wissenschaftsportal „ScienceBlogs" die mangelnde methodische Qualität des Zwischenberichts, der Raum für willkürliche Interpretation der Ergebnisse lasse.

Auch forderte die Stadt Wien, die für die Kontrolle, Förderung und Genehmigung der Kindergärten verantwortlich ist, Aslan und Kurz auf, Kindergärten zu nennen, die als radikal einzustufen wären. Eine Antwort darauf gab es nie. In einem Anfang März 2016 geführten Gespräch mit der „Presse" erklärte Aslan später, dass die Stadt die Vorwürfe kenne und von ihm keine zusätzlichen Informationen hinsichtlich Adresse und Namen der betroffenen Kindergärten benötige.

Davon abgesehen pflegte die Stadt Wien ihrerseits einen katastrophalen Umgang mit dem Thema. So hatte sie bis dato nicht die religiöse Ausrichtung von Kindergärten erhoben, es gab nicht einmal eine Definition, was überhaupt ein muslimischer Kindergarten sei. Die Islamische Glaubensgemeinschaft ihrerseits führte keine Kindergärten, die Einrichtungen selbst bezeichneten sich nicht als religiös. Selbst wenn sie damit warben, den Koran zu vermitteln. Die damals für Kindergärten zuständige Stadträtin Sandra Frauenberger (SPÖ) hatte sich deshalb sogar zur Aussage hinreißen lassen, es gäbe gar keine islamischen Kindergärten in Wien.

Immerhin reagierte die Stadt im Dezember 2015 sofort. Die für die Kontrollen zuständige Stadträtin Sonja Wehsely (SPÖ) stockte das Kontrollpersonal in der MA 11 um eine Person auf, die Ausbildung der Kinderbetreuerinnen für Kindergruppen wurde von 90 Stunden auf 400 erhöht. Außerdem vereinbarte man, dass die Kindergartenstudie repräsentativ in allen Wiener Kindergärten wiederholt würde. In Kooperation mit dem Integrationsministerium und getragen von mehreren Wissenschaftlern, auch Ednan Aslan war mit im Team.

Aslans Stich in ein Wespennest

Allen mangelnden Belegen und Kritiken zum Trotz hatte Aslan in ein Wespennest gestochen. Experten wie der Wiener Soziologe Kenan Güngör und der österreichische Islamwissenschaftler und Religionspädagoge Mouhanad Khorchide gaben in Interviews später an, in einem Teil der Kindergärten Wiens genau jene Probleme beobachtet zu haben, die der Zwischenbericht aufzeigte. Außerdem wurde nur wenige Tage nach der Veröffentlichung des Zwischenberichts bekannt, dass die Staatsanwaltschaft gegen Abdullah P., Betreiber eines muslimischen Kindergartens, ermittelte. Er stand im Verdacht, der Kopf eines Förderbetrugsnetzwerks zu sein. Der Schaden ging in die Millionenhöhe.

Er sollte nicht der Einzige sein. Die Kontrollbehörde (in diesem Fall die MA 10) begann, auch bei anderen Kindergärten genauer hinzusehen. In den kommenden Monaten sollten immer mehr bekannt werden, die offensichtlich Misswirtschaft mit Fördergeldern betrieben. Einmal lautete der Vorwurf, dass mit Fördergeld ein Marmorbrunnen errichtet wurde, ein anderes Mal soll es für die Sanierung von Immobilien verwendet worden sein. Es zeigte sich aber auch, dass es mitnichten nur muslimische Kindergärten waren, die betroffen waren. Von den privat geführten „Alt-Wien"-Kindergärten, die keinen islamischen Hintergrund hatten, wollte die Stadt etwa 6,6 Millionen zu Unrecht bezogenes Fördergeld zurück. Der Fall betraf 33 Standorte mit 2.276 Kindern – deren Eltern waren mit den Kindergärten eigentlich sehr zufrieden und kämpften lange für einen Verbleib der Einrichtungen. Vergebens.

Durch die steigenden Kontrollen war jedenfalls klar geworden, warum der „Wildwuchs" so groß geworden war. Das für die Familien kostenlose, verpflichtende Kindergartenjahr sollte 2009 starten. Doch es fehlte an Plätzen, die Stadt war auf private Anbieter angewiesen. So begann vor allem der Ausbau der Kindergruppen, die maximal 14 Kinder umfassen dürfen (gerade die hatte Aslan kritisiert), denn für diese galten im Gegensatz zu den Kindergärten sehr geringe Auflagen. Zum Vergleich: 2010 gab es 268 Kindergruppen in Wien, 2016 waren es 620.

Aslans Endbericht der Vorstudie wurde schließlich Ende Februar 2016 veröffentlicht. Auffallend war, dass im Mittelpunkt der Studie dieses Mal „die pädagogischen Ausrichtungen und Profile von Trägervereinen von islamischen Kindergärten und -gruppen in Wien" standen. Aslan unterschied im 178 Seiten dicken Bericht vier Kategorien von Trägervereinen: Diese hätten entweder salafistische Tendenzen, seien einem politisch-religiösen Islamismus zuzuordnen, würden sich als Wirtschaftsunternehmen sehen oder sich – die positiven Beispiele – gegenüber anderen öffnen. Wieder hielten Experten die Vorwürfe im Kern für begründet, aber oft nicht ausreichend belegt oder falsch eingeordnet. Wieder wünschten sie sich mehr Daten und Fakten zum Thema.

Immerhin basierte die Aslan-Vorstudie in der Endversion auf 71 Kindergärten und 56 Kindergruppen. Beim Zwischenbericht waren es wie erwähnt deutlich weniger gewesen. Ohnehin schien Aslan mit dem politischen Diskurs rund um die Studie nicht mehr zufrieden zu sein. Dass Minister Kurz von der Schließung muslimischer Kindergärten sprach, hielt der Wissenschaftler für „keine Lösung", wie er später immer wieder betonte. Außerdem bereute Aslan später, den Zwischenbericht veröffentlicht zu haben.

Grundlegende Veränderungen im Umgang mit den Kindergärten gab es dennoch, wenn sie auch dauerten. Mit der vorgezogenen Nationalratswahl auf den 15. Oktober 2017 und dem damit verbundenen Wahlkampf kam auch bei den Kindergärten im Juni 2017 einiges in Bewegung, auch wenn die mittlerweile von Stadt und Integrationsministerium in Auftrag gegebene repräsentative Kindergartenstudie noch immer nicht fertig war. Der Wiener Stadtschulratspräsident Jürgen Czernohorszky hatte Anfang 2017 das Bildungs- und Integrationsressort von Sandra Frauenberger übernommen. Unter seiner Führung sollten die Kontrollbehörden MA 10 (Wiener Kindergärten, u. a. zuständig für die Kontrolle der Förderungen) und MA 11 (Familie und Jugend, zuständig für die Einhaltung des Bildungsplans) stärker zusammenarbeiten. Denn meist gingen Förder- und Pädagogikprobleme miteinander einher, so der Stadtrat. Auch aus diesem Grund wurde die MA 11 um sieben Mitarbeiter auf insgesamt 20 aufgestockt. Auch gab es eine erste Bilanz: 2016/2017 entzog die Stadt Wien bisher 31 Einrichtungen die Betriebsbewilligung für einen Kindergarten oder beendete die Förderung.

Wie viele davon muslimisch waren, konnte man Ende Juni 2017 nicht sagen. Denn die Stadt hatte nach wie vor keine Definition für islamische Kindergärten. Es sei aber keine Einrichtung wegen Radikalisierungsgefahr geschlossen worden, sagte die stellvertretende Abteilungsleiterin der MA 11, Michaela Krejcir, damals zur „Presse". Unabhängig davon sei der Islam bei Kontrollen sehr wohl ein Thema gewesen. „Wir haben immer wieder festgestellt, dass die Religionserziehung nicht altersadäquat erfolgte, dass ein strafender Gott vermittelt wird, dass es keine freiwillige Teilnahme an Gebeten gibt und die Kinder gezwungen werden", so Krejcir. „Alle diese Dinge hat es mehr oder weniger stärker ausgeprägt schon gegeben. Aber letztendlich haben wir durch unser Einschreiten verhindert, dass das in Zukunft weiter stattfindet."

Neben der Verstärkung der Kontrollen wurde auch die Zusammenarbeit mit dem Verfassungsschutz intensiviert. Außerdem plante die Stadt, über den Sommer 2017 einen Religionsleitfaden zu finalisieren, der den Umgang mit Religion im Kindergarten regelt. Er sollte dem Wiener Bildungsplan angehängt werden und damit verpflichtend sein.

Kindergärten als politischer Spielball

Dass es bei den islamischen Kindergärten nie nur um die Sache ging, sondern sie auch als politischer Spielball dienten, zeigte sich einmal mehr Anfang Juli 2017. Der Wiener Stadtzeitung Falter war ein Word-Dokument zugespielt worden: Im Korrekturmodus konnte man erkennen, dass der Endbericht von Aslans Vorstudie an mindestens zwanzig Stellen von zwei Beamten des Außen- und Integrationsministeriums, also des Ministeriums von Sebastian Kurz, offenbar stark redigiert worden war. Aussagen wurden zugespitzt, differenzierte Sichtweisen weggestrichen oder gar ins Negative verkehrt. Aslan konnte sich die Änderungen anfangs gegenüber dem Falter nicht erklären. Erst Tage später und nachdem die Vorwürfe dem Ministerium bekannt waren, änderte er seine Meinung. Die Änderungen seien von ihm ausgegangen. Das ließ viele Fragen offen. Wurde doch keine schlüssige Antwort auf viele Fragen geliefert. Warum mussten Ministeriumsbeamte die Änderungen einpflegen, auf Basis von welcher Erkenntnis änderte Aslan seine Meinung? Die Universität Wien kündigte daraufhin an, die Arbeit auf ihre Wissenschaftlichkeit zu prüfen – und lagerte die Prüfung danach an die „Österreichische Agentur für wissenschaftliche Integrität" (OeAWI) aus, um jegliche Befangenheit auszuschließen.

Damit richteten sich im Sommer 2017 einmal mehr alle Augen auf die laufende repräsentative Studie über Wiens Kindergärten. Ob deren Ergebnisse die Islam-Kindergarten-Debatte damit endlich auf eine fundierte Basis stellen würden, war zu diesem Zeitpunkt nicht abzusehen. Studienautor Henning Schluß, Professor für Bildungsforschung und Bildungstheorie an der Universität Wien und Mitglied des Forscherteams, berichtete jedenfalls in einem Vorabgespräch mit der „Presse" im Juli 2017, dass es gar nicht so leicht sein werde, einen islamischen Kindergarten zu definieren. „Ist es jetzt schon islamisch, weil die Leiterin eine Muslimin ist oder wenn Halal-Essen angeboten wird? Oder wird er zum islamischen Kindergarten, wenn da mehrheitlich muslimische Kinder hingehen? Da wären eine Menge MA-10-Kindergärten, also städtische, plötzlich islamisch." Letztendlich werde die Politik selbst vieles entscheiden müssen.

Bis zum Erscheinen der repräsentativen Studie könnten damit fast zwei Jahre vergangen sein, seit an jenem Dezembertag 2015 die Islam-Kindergärten ihren Weg nachhaltig in die Öffentlichkeit fanden. Zwei Jahre, in denen noch immer nicht klar geworden ist, wie viele der rund 58.800 Kindergartenkinder Wiens in solche Einrichtungen gehen. Was dort passiert, ob und wie sehr tatsächlich „Gefahr im Verzug" ist. Der Soziologe Kenan Güngör glaubt trotzdem, dass in der Zeit viel passiert ist: „Es gibt gegenwärtig keine Abteilungen der Stadt, die sich so stark umstellen mussten wie die MA 10 und MA 11. Da kamen jeden Tag neue Regelungen. Kindergärten sind heutzutage schwieriger aufzumachen. Also da hat sich sehr viel getan. Auch wenn wir immer das Bild erzeugen, als wären wir am Anfang", sagt er der „Presse" Anfang Juli 2017. Dass das Thema Wien noch länger beschäftigen wird und auch weiterhin von gesellschaftlicher und politischer Brisanz sein wird, ist klar – auch im Hinblick auf die Flüchtlinge, die 2015 nach Wien kamen. „Die werden auch einmal Kinder haben", so Güngör. „Es ist gut, wenn wir dann Qualitätsstandards und eine Position zu den islamischen Kindergärten haben. Damit bauen wir vor."

6.

Islam und Schule

Weltanschauungen im Klassenzimmer

Bernadette Bayrhammer

Die Emotionen gehen schnell hoch in der 4A, als der Ramadan zur Sprache kommt. Hat es Sinn, zu fasten, ohne zu beten? Zu beten, ohne zu fasten? „Wo steht das geschrieben?" Ist es respektlos, wenn Schüler essen, während andere fasten? Oder nur dann, wenn diese Schüler selbst auch muslimisch sind? Es ist Halbzeit beim Ramadan. Die Hälfte der Schüler in der NMS Staudingergasse in Wien-Brigittenau ist islamischen Glaubens. Und in der 4A fastet eine gute Handvoll Schüler, ungefähr die Hälfte der Muslime. Manche strenger, manche weniger streng. Ob sie das beim Lernen, Turnen oder bei Tests einschränkt, beantworten sie unterschiedlich. Der islamische Fastenmonat ist aber jedenfalls auch für die Schule ein Thema, vor allem, wenn er wie 2017 in den Juni fällt. Die Kinder- und Jugendanwaltschaft hat daher ein Schreiben herausgegeben, in dem von gesundheitlichen Problemen bis hin zu Kreislaufzusammenbrüchen die Rede ist. In dem angeregt wird, dass Kinder statt zu fasten vielleicht auf Süßigkeiten verzichten könnten, damit sie in der Schule auch entsprechende Leistungen bringen.

Mit der Zahl der Muslime in Österreich steigt auch jene der muslimischen Schülerinnen und Schüler – auch wenn nicht zentral erhoben wird, wie viele es genau sind. Die Landesschulräte haben nur teilweise Zahlen. In den oberösterreichischen Pflichtschulen bekennt sich demnach jeder sechste Schüler zum Islam, an allen Vorarlberger Schulen jeder fünfte. In den Wiener Pflichtschulen ist inzwischen fast jeder dritte Schüler muslimisch – mehr als es römisch-katholische Schüler gibt. Den islamischen Religionsunterricht besuchen österreichweit rund 73.000 Kinder und Jugendliche, das ist aber nur ein Teil aller Muslime: Wie auch bei Schülern mit anderem Religionsbekenntnis melden sich viele ab.

In manchen Schulen sind muslimische Schüler stärker vertreten als in anderen, das hängt auch damit zusammen, dass sich Kinder mit türkischem, arabischem oder tschetschenischem Migrationshintergrund in bestimmten Schulen konzentrieren: je nach Wohngegend oder Grätzel, nach Schultyp. In einigen Schulen in Wien-Brigittenau etwa ist jeder zweite Schüler muslimischen Glaubens. Was im täglichen Schulbetrieb grundsätzlich kein Thema ist: Im Mathematikunterricht, in Deutsch oder Geografie spielt es keine Rolle, ob ein Schüler nun katholisch, muslimisch, orthodox oder ohne religiöses Bekenntnis ist. Und in den allermeisten Fällen funktioniert es einfach.

Manchmal ist es aber doch ein Thema. Die Schule ist eine der ersten gesellschaftlichen Instanzen, in der unterschiedliche Weltsichten und Wertevorstellungen aufeinandertreffen – und das ist auch gut so. Integration findet hier statt, Toleranz wird genauso gelernt wie der Umgang mit Vielfalt und bestimmte gesellschaftliche Spielregeln. Es treten aber auch Konflikte zutage: Reibereien um Kopftuch, Schwimmen oder Handschlag sind an Schulen mit vielen Muslimen Tatsache, wenn auch weder täglich noch wöchentlich. Und auch wenn dahinter nicht einfach der Islam steht, sondern Tradition und Kultur – und Herkunft und Bildung wohl ebenfalls eine Rolle spielen –, wird oft mit religiöser Praxis argumentiert.

All das – Religion, Tradition, Vielfalt – stellt Lehrerinnen und Lehrer an den heimischen Schulen bisweilen vor neue Herausforderungen. Während es ihnen oft gelingt, sich nicht nur durch die unterschiedlichen Hintergründe und Haltungen zu manövrieren, sondern das Voneinander-Lernen und Miteinander-Leben in die Praxis umzusetzen, sind viele unsicher. Das zeigt der Fall einer Volksschullehrerin, der Anfang 2016 durch die Medien ging. Sie war wohl guten Willens, schoss aber ein bisschen über das Ziel hinaus, als sie in einem Liedtext für die muslimischen Schüler „Gott" durch „Allah" ersetzt haben soll. Davon abgesehen, dass religiöse Lieder an sich dem Religionsunterricht vorbehalten sind.

Ins Gegenteil umschlagen kann offenbar auch die Sensibilisierung und Berichterstattung rund um islamistische Radikalisierung und Extremismus bei Jugendlichen. Die von Muslimen initiierte „Initiative für ein diskriminierungsfreies Bildungswesen" (IDB) hat Islamophobie in einem Bericht als häufigsten Grund für Diskriminierung von Schülern durch Unterrichtende festgemacht. Bisweilen würden Gebete, Kleidung oder Fasten von Lehrerinnen und Lehrern falsch interpretiert und kriminalisiert. So soll das Tragen eines Kopftuchs eine Schülerin fälschlicherweise unter Terrorverdacht gebracht haben.

Die Kopftuchdebatte macht vor der Schule ohnedies nicht halt. Ist es okay, dass Lehrerinnen sich bedecken? Sollen sie das Kopftuch ablegen müssen – wie regelmäßig gefordert wird? Oder wäre das kontraproduktive Symbolpolitik, gar integrationshemmend? Was generell in Österreich gilt, gilt auch für die Schule: Alle Frauen und alle Mädchen können entscheiden, ob sie ein Kopftuch tragen wollen oder nicht. Solange es keine Verletzungsgefahr gibt, etwa durch Nadeln und Kämme, oder weil das Tuch um den Hals geschlungen ist, ist ein Kopftuch laut Bildungsressort auch im Sportunterricht erlaubt. Die Alternative, die Mädchen auch nutzen: eine eng anliegende Haube, ähnlich der des Burkinis.

An manchen Schulen setzt sich der Burkini, der muslimische Badeanzug, inzwischen als Lösung für ein anderes heikles Thema durch: das Schwimmen, das in der Volksschule verpflichtender Teil des Lehrplans ist. Dass eine Volksschülerin auf dem Weg zum Schwimmunterricht von ihren Eltern aus dem Bus geholt wird, dürfte ein Einzelfall sein. Je älter die Schülerinnen sind, desto eher wird es aber Thema: Es gibt Diskussionen über das Schwimmen, es gibt einzelne Mädchen, die nie mit ins Schwimmbad gehen. Und auch wenn laut dem Europäischen Menschenrechtsgerichtshof klar ist, dass Integration vor den religiösen Interessen der Eltern steht, stoßen Schulen an ihre Grenzen, wenn Schülerinnen beim Schwimmen regelmäßig „krank" sind.

Ein Thema, das sich zwar nicht ausschließlich im Klassenzimmer abspielt, das aber auch in der Schule seinen Raum hat, ist die sogenannte „Generation haram" („verboten", Anm.), die im Frühjahr 2017 medial für Wirbel sorgte. Dass muslimische Teenager anderen ihre Vorstellung von gutem islamischem Verhalten aufdrängen und sie unter Druck setzen, sich an angebliche Regeln zu halten. Dabei geht es unter anderem um Kleidervorschriften. Wenn in einer Klasse eine Schülerin nach der anderen plötzlich im bodenlangen schwarzen Gewand zur Schule kommt, stellt sich jedenfalls die Frage: Gruppendruck, Rebellion oder plötzlich entfachte Begeisterung für die Tradition?

Religionslehrer aus dem Ausland

Dass es verschiedenste Arten gibt, sich zu bedecken, ist eines der Themen, das die islamische Religionslehrerin in diesem Schuljahr ihren Schülerinnen und Schülern der 7B des Brigittenauer Gymnasiums erklärt hat. Einer Schule, in der wie in der Neuen Mittelschule Staudingergasse ebenfalls jeder zweite Schüler muslimisch ist. Jetzt gerade geht es um Barmherzigkeit. In anderen Stunden ging es um die Diversität im Islam, aber auch um andere Fragen, die im österreichischen Kontext relevant sind. Etwa, ob Musik wirklich verboten ist im Islam. Laut Religionslehrerin natürlich nicht. Die Schüler sind sich nicht ganz so sicher.

Beim islamischen Religionsunterricht, mit dem der Islam seit 1982 in der Schule verankert ist, hat sich seit seinem Start jedenfalls einiges getan, sowohl was den Lehrkörper angeht als auch bei den Inhalten. Mit der Einführung war Österreich damals Vorreiter. Wie beim katholischen Religionsunterricht liegt die Verantwortung bei der jeweiligen Religionsgesellschaft. Soll heißen: Die Islamische Glaubensgemeinschaft ist verantwortlich für die Inhalte, die in den zwei – oder, bei weniger Schülern, weniger – Wochenstunden Religion gelehrt werden. Und auch für die Auswahl des Lehrpersonals: zunächst eine große Herausforderung, die lange nicht befriedigend gelöst wurde.

Weil in Österreich islamische Religionslehrerinnen und Religionslehrer fehlten, wurden viele Pädagogen von der Glaubensgemeinschaft aus dem Ausland geholt. Andere waren zwar bereits in Österreich, ihnen fehlten allerdings theologische und/oder pädagogische Qualifikationen. Die Wende kam spät, aber immerhin: Eineinhalb Jahrzehnte nach der Einführung des Religionsunterrichts wurde in Wien 1998 die private „Islamische Religionspädagogische Akademie" (IRPA) gegründet, die islamische Religionslehrer für die Pflichtschule ausbildet. Bei den höheren Schulen dauerte es etwas länger: Seit 2006 bildet die Universität Wien Lehrer aus, inzwischen zog auch die Universität Innsbruck mit einem islamisch-religionspädagogischen Studium nach.

Mit dem Studium an der „Islamischen Religionspädagogischen Akademie" veränderte sich auch das Publikum. Seit es nach einer anfänglichen Kooperation mit einer ägyptischen Universität komplett auf Deutsch umgestellt wurde, ist die Zahl der in Österreich aufgewachsenen Studenten an der Fakultät stark gestiegen. Einen weiteren Schub könnte die jüngste Neuerung bringen: Wer Religionslehrer werden will, muss inzwischen auch ganz normaler Volksschul- oder Mittelschullehrer werden wollen. Islamische Religion ist seit 2016 ein Schwerpunkt in der Primarstufenausbildung, die IRPA wurde ein Institut der Kirchlich Pädagogischen Hochschule Wien/Krems.

Seit in Österreich zunehmend ausgebildete Islamlehrer eingesetzt werden, dürften sich einige der Probleme gelöst haben, die 2009 in den Fokus der Öffentlichkeit gerückt waren: Der Soziologe Mouhanad Khorchide hatte in seiner

Dissertation bei einem Teil der Islamlehrer demokratiefeindliche Tendenzen geortet. Zwar kritisierten manche die Studie wegen suggestiver Fragestellungen. Die öffentliche Diskussion brachte jedenfalls ein Maßnahmenpaket. Unter anderem wurden die Deutschkenntnisse der Lehrer getestet, der Lehrplan modernisiert und die Schulbücher auf Grundwerte und Menschenrechte überprüft. Neue Bücher sollen den Islam zeitgemäß und europäisch vermitteln.

Den Schülerinnen und Schülern bewusst zu machen, dass eine islamische Lebensweise und ein Zugehörigkeitsgefühl zu Österreich und Europa kompatibel sind, ist auch eines der Ziele des Islamunterrichts. Fundiertes Wissen über den Islam soll mit kritischem Denken gepaart zu einer gemäßigten Haltung führen. Neben der Stärkung der eigenen Identität oder dem Umgang mit Vielfalt im Islam soll es im Unterricht auch um die kritische Auseinandersetzung mit Traditionen gehen, die mit dem Islam scheinbar begründet werden. Konkret geht es etwa um die Chancengleichheit von Männern und Frauen. Es stellt sich nur die Frage, ob das in allen Klassen schon angekommen ist oder ob manchmal noch Suren auswendig gelernt werden.

Beim islamischen Schulamt berichtet man nur von einzelnen Beschwerdefällen. Einen, der es weniger aus inhaltlichen Gründen in die Medien schaffte, kennen Lehrerinnen und Lehrer mitunter von muslimischen Vätern und Müttern: den verweigerten Handschlag. Ein islamischer Religionslehrer in Vorarlberg reichte Frauen nicht die Hand, was nicht nur dort für Wirbel sorgte. Es ist ein Fall, der generelle Fragen aufwirft: Wie wichtig ist das? Kann man das akzeptieren? Welche Haltung steht dahinter? Für die Glaubensgemeinschaft war das alleine zunächst kein Grund, sich von dem Lehrer zu trennen. Inzwischen unterrichtet er allerdings nicht mehr.

Die Frage nach den Haltungen stellte sich vor allem im Zuge der Debatte um die islamischen Kindergärten auch für die islamischen Privatschulen. Befeuert von Fällen, in denen Eltern in privaten islamischen Volksschulen die Teilnahme ihrer Kinder am Musikunterricht verhindern wollten oder von sechsjährigen Mädchen, die bereits Kopftuch tragen, wurde über die Gefahr von Parallelgesellschaften debattiert und auch eine Kommission eingerichtet, die islamische Privatschulen speziell prüft.

Insgesamt gibt es in ganz Österreich 14 islamische Privatschulen mit Öffentlichkeitsrecht, alle in Wien. Darunter sind mehrere Volksschulen, Neue Mittelschulen, eine Gesamtschule, ein privates Kolleg für Kindergartenpädagogik und das islamische Realgymnasium. Die Schulen sind konfessionelle Schulen mit Öffentlichkeitsrecht – sozusagen das islamische Gegenstück zur katholischen Privatschule. Es wird nach österreichischem Lehrplan und auf Deutsch unterrichtet. Wer betet oder Kopftuch trägt, ist hier aber nicht alleine. Und wer im Ramadan fastet, wohl auch nicht.

7.

Islam und Frauen

Das Tuch, das spaltet

Anne-Catherine Simon

„Für weibliche Muslime ab der Pubertät ist in der Öffentlichkeit die Bedeckung des Körpers, mit Ausnahme von Gesicht, Händen und nach manchen Rechtsgelehrten Füßen, ein religiöses Gebot und damit Teil der Glaubenspraxis. Es liegt in der erzieherischen Verantwortlichkeit (taklīf) der Erziehungsberechtigten, ihre Kinder schon vor deren religiöser Verantwortlichkeit, die mit der Pubertät beginnt, bereits an die islamische Glaubenspraxis heranzuführen. Ein freier Wunsch des Kindes, vor der Pubertät religiöser Praxis nachzugehen, ist positiv zu begleiten und darf nicht unterdrückt werden."

So heißt es in einem Text, den die „Islamische Glaubensgemeinschaft in Österreich" (IGGiÖ), die offizielle Vertretung der Muslime in Österreich, im Februar 2017 auf ihre Website gestellt hat. Das Dokument, das vom theologischen „Beratungsrat" der Glaubensgemeinschaft verfasst wurde, betont auch, dass Menschen, die sich nicht an die Kleidervorschriften hielten, „keinesfalls von anderen abgewertet" werden dürften. Das muss allerdings nicht den Verzicht auf Überzeugungsversuche oder wie immer gearteten Druck, das „Gebot" durchzusetzen, bedeuten – eindeutig ist es als Absage an die persönliche Anprangerung von Nicht-Kopftuchträgerinnen oder deren Eltern. Man fühlt sich an Papst Franziskus erinnert, als er 2016 im Gespräch mit Pressevertretern gegen die Ausgrenzung von Homosexuellen aufrief und zugleich bekräftigte, dass Homosexualität „Sünde" sei.

Religiöse Pflicht – so what?

Wollte Dudu Kücükgöl, studierte Wirtschaftspädagogin und ehemalige Sprecherin der „Muslimischen Jugend Österreich", auf den Verzicht zu Zwangsmethoden hinweisen, als sie am 6. März 2017 twitterte: „Ja, ‚Fard' bedeutet religiöse Pflicht – so what?! ... Leute, beruhigt euch, das ist kein Gesetz, nur ein religiöses Gebot ..." Seit wann nämlich sind religiöse Gebote ein Kinkerlitzchen im Vergleich zu Gesetzen? Das arabische Wort dafür, „fard", definiert die langjährige Sprecherin der Islamischen Glaubensgemeinschaft Carla Amina Baghajati in ihrem Buch „Muslimin sein. 25 Fragen – 25 Orientierungen" als „alles, was in der Glaubenspraxis als verpflichtend zu erfüllen betrachtet wird".

„Religiöse Pflicht – so what?!", schrieb also dazu die 1982 geborene Kücükgöl, die sich als muslimische Feministin bezeichnet und ihr Kopftuch trägt, weil sie es für sich als ein religiöses Gebot sieht. Gemeint war die lässige Bemerkung als ironische Replik an die Kritiker. Stimmig allerdings ist das nur, wenn man die von Theologen deklarierten „religiösen Gebote" selbst nicht allzu ernst nimmt; so wie viele österreichische Katholiken, wenn kirchliche Autoritäten Fastengebote in Erinnerung rufen. Mit dem Unterschied jedenfalls, dass Katholiken selten daran denken, ihre Autoritäten nach außen hin zu verteidigen.

Doch was passiert, wenn man die Frage der „religiösen Gebote" ernst nimmt? Carla Amina Baghajati, in Mainz geborene Konvertitin, seit Langem in der Islamischen Glaubensgemeinschaft tätig und Mitgründerin der „Initiative muslimischer ÖsterreicherInnen", hat den Text der IGGiÖ in einem offenen Brief scharf kritisiert.

Mit sinngemäß drei Argumenten: Der Text trage erstens zur „simplen Gleichung ‚muslimische Frau = Kopftuch'" bei. Dabei sei die Kopftuchfrage nicht wesentlich im Vergleich zu den fünf Säulen des Islam (Anm.: Glaube, Wohltätigkeit, Gebet, Fasten, Pilgerfahrt). Der Text mache zweitens Koranstellen zum Werkzeug männlicher Bevormundung, die eigentlich frauenfreundlich gemeint seien. Und drittens sollten Frauen in dieser Frage die „Deutungshoheit darüber, was sie anziehen oder nicht anziehen, bei sich selbst halten".

Nicht nur bei Baghajati kommt in diesem Zusammenhang oft das aufklärerische Konzept der Selbstbestimmung vor. Es findet sich nicht erst bei Immanuel Kant, sondern schon beim englischen Philosophen John Locke. „Niemand ist (...) verpflichtet, den Ermahnungen oder Zumutungen anderer über seine eigne Überzeugung hinaus Gehorsam zu erzeigen", schrieb Locke, wie Kant übrigens ein hoch religiöser Mensch, in seinem Werk „A Letter concerning Toleration" (1689). „Jeder hat hier die höchste und uneingeschränkte Autorität, für sich selbst zu urteilen." Es dauerte zwei Jahrhunderte, bis dieser Gedanke als Gewissensfreiheit zumindest teilweise in die Lehre der katholischen Kirche Eingang fand.

Angesichts eines „religiösen (Kopftuch-)Gebots" die freie Entscheidung der Frau zu sichern, ist keine leichte Sache. Und doch gehen weder Baghajati noch Kücükgöl so weit, den Status des Kopftuchtragens als „religiöses Gebot" überhaupt zu bestreiten. Das ist auffällig, da sie ansonsten alle möglichen Suren und Hadithen, mit denen männliche Dominanz begründet wird, feministisch interpretieren – und diese dabei zum Teil historisch kritischer auslegen, als es für eine Relativierung des Kopftuchs nötig wäre. Warum also stellen Frauen, die sich innerhalb der muslimischen Community Österreichs für mehr Frauenrechte einsetzen, die religiöse „Gebotenheit" des Kopftuchs nicht einfach infrage?

Diese Inkonsistenz erstaunt etwa in Baghajatis eingangs erwähntem Buch. Die Autorin kann darin scharf und sarkastisch sein, wenn es um Vorstellungen von menstruationsbedingter weiblicher Unverlässlichkeit oder intellektueller Unterlegenheit geht; um die Frage, ob die Frau für den Haushalt zuständig sein soll; um die Präsenz von Frauen in der Moschee; oder auch darum, ob muslimische Männer eine Art „Züchtigungsrecht" über die Frau haben. Der Aufruf im Koran, dass die Männer vor Frauen ihre Blicke senken sollen, ist für sie einfach ein Gebot zu respektvollem Verhalten. Außerdem wischt sie energisch die alte Vorstellung vom Tisch, derzufolge die weibliche Verhüllung notwendiger Schutz vor dem (beziehungsweise für den) triebgesteuerten Mann sei. Eindeutig wohlwollend gibt Baghajati schließlich die Empfehlung, an den Verhüllungspassagen des Korans „stärker den Ort und die dort üblichen Kleidungsgewohnheiten zu berücksichtigen" und das dezente Auftreten in den Vordergrund zu stellen.

Und doch bleibt am Ende als einziges klares Fazit dieses Kapitels die Feststellung eines Status quo: „Alle Auslegungstraditionen (,Rechtsschulen') sind sich einig darin, dass das Kopftuchtragen einen Teil der Glaubenspraxis ausmacht." „Teil der Glaubenspraxis": Dieser Formulierung begegnet man in Islamdiskussionen häufig. Sie klingt nach einer empirischen Feststellung darüber, wie Menschen ihren Glauben leben. Hier wie im zitierten Kopftuch-Text der IGGiÖ ist jedoch klar, dass mit Glaubenspraxis eine Norm, also „verpflichtende Glaubenspraxis" gemeint ist. Baghajatis Conclusio in ihrem Buch lautet: „Das Kopftuch ist (...) schlicht und einfach ein Stück Stoff, das einen Aspekt der Glaubenspraxis muslimischer Frauen zum Ausdruck bringt, für oder gegen den sie sich frei entscheiden können sollen." Aus dem „Teil" der Glaubenspraxis ist ein „Aspekt", also ein Gesichtspunkt, geworden. Doch nur so feine Andeutungen lassen eine Distanz zum Kopftuch als „Gebot" erahnen.

Mehr als eine private Vorliebe

Diese intellektuelle Verrenkung einer oft so klar denkenden Autorin, die andere Frauenfragen beherzt anpackt: Es bestätigt nur, was es widerlegen will, nämlich dass das Kopftuch mehr ist als eine innerreligiöse Frage oder private Vorliebe. Es drückt bei vielen nicht nur eine religiöse Haltung aus, sondern auch den Wunsch, diese in äußerliche Präsenz zu verwandeln. Diese äußerliche Präsenz ist leichter herstellbar und politisch legitimierbar, wenn sie religiös nicht als „unnötig" erscheint. Aber auch ohne diesen Anspruch auf Präsenz als muslimisches Kollektiv ist das Kopftuch Zeichen von Solidarisierung und Entsolidarisierung geworden. Die Debatte darum verläuft ganz wie ein verfahrener Beziehungsstreit um ein heikles Thema: Österreichische Nichtmuslime, die das Kopftuch kritisieren, riskieren den Vorwurf der „Islamophobie", österreichische Muslime den Vorwurf des Dissidententums. „Nichts disqualifiziert im innermuslimischen Diskurs mehr, als wenn einem ein Gedanke vorgeworfen wird, er sei nur entstanden, um dem ‚Westen' schönzutun." Dieser Satz in Baghajatis Buch könnte es nicht besser auf den Punkt bringen. Daraus folgt auch die Haltung: Ja nicht als Muslim etwas sagen, was Kopftuchgegnern außerhalb der muslimischen Community in die Hände spielen könnte.

Wenn junge Frauen ihr Kopftuch als Freiheitssymbol deuten, schwingt diese Rebellion gegen westliche Bevormundung mit. Die Ausstellung „Chapeau!" im Wien Museum zeigte 2016 ein Kopftuch von Kücükgöl. Für sie ist es Ausdruck ihres Glaubens, aber auch Zeichen des Rechts, ihre körperlichen Grenzen selbst zu definieren (nicht gegenüber der IGGiÖ, sondern gegenüber Kopftuchgegnern). Das Kopftuch kann auch als Fahne der Solidarität mit einem als unterdrückt wahrgenommenen muslimischen Kollektiv gesehen werden oder Rebellion gegen einen „weißen Feminismus", der religiöse Musliminnen nicht akzeptiere, wie Dudu Kücükgöl in mehreren Interviews kritisiert hat. Es ist nicht Fortsetzung der Tradition, sondern ernstes Spiel mit ihr – ein Spiel auch mit doppeltem kommunikativen Boden. Ich setze ein Statement –, aber kommt bloß nicht auf die Idee, es als solches zu lesen. Ist doch nur „ein Stück Stoff", „nur ein religiöses Gebot". Feministische Kopftuchkritik geht auch dort ins Leere, wo das Kopftuch zum Zeichen von Nicht-Mainstream-Sein wird (in Bezug auf „westliche" Lebensart). „Damit fühle ich mich ich selbst", heißt es in Begründungen oft. Als Identitätsmarke eines souveränen Individuums ist es auch eine Spielart der demonstrativen Outingkultur: Jeder soll sehen, was ich bin – in diesem Fall religiös.

In vorliberalen Lebens- und Denkweisen bedeutet ein Kopftuch etwas anderes als in liberalen (oder auch schon postliberalen?). All diese Bedeutungen bestehen heute in Österreich nebeneinander, und diese Vielfalt ist zum beliebtesten Beweis für die Borniertheit jeder Kopftuchkritik geworden. Es sei doch längst nicht mehr nur ein Zeichen weiblicher Unterordnung, heißt es dann. Doch es gibt Einwände, die von dieser Vielfalt der Motive nicht berührt werden. Das heißt zwar nicht, dass Kopftuchkritiker zwangsläufig recht haben – wohl aber, dass sie nicht zwangsläufig nur unrecht haben.

Erstens: Unstrittig ist, dass das Kopftuch viele Jahrhunderte lang vor allem ein Zeichen weiblicher Unterordnung war. Unstrittig ist auch, dass viele Frauen in Europa, vor allem aber in islamischen Ländern, heute und sehr real Verhüllungsgebote als Werkzeug von Unterdrückung und Gewalt erleben. Wie sinnvoll ist es, einen Wert – den der persönlichen Freiheit – ausgerechnet durch ein uraltes Zeichen seines Gegenteils zu deuten?

Zweitens: Das Kopftuch als Zeichen der Solidarität mit den vom „kolonialistischen Westen" diskriminierten Muslimen – in Österreich und global – ist ein schwarz-weißes Gegenbild zum Schwarz-Weiß-Bild der Welt, wie sie das äußerst rechte islamfeindliche Spektrum pflegt. Es drückt auch ein schlichtes historisches Verständnis von Herrschaft und Unterdrückung aus – erstaunlich gerade bei Frauen, die selbstbewusst die im Westen gepflegte Gleichberechtigung der Geschlechter verinnerlicht haben. Frauen in Österreich können das Kopftuch überhaupt erst deswegen als Zeichen der Freiheit tragen, weil sie die Freiheit haben, es abzulegen. Dazu kommen unzählige, weltweit nicht selbstverständliche Freiheiten, die ebenfalls zum „Westen" gehören. Auch die feministischen Bewegungen in den muslimischen Ländern entstanden in Zusammenarbeit und kritischer Auseinandersetzung mit dem oft geschmähten „weißen Feminismus".

Drittens: Der Kampf um die Verhüllung der Frau entzweit die muslimische Welt genauso wie Europa. Auch der Widerstand gegen die Verhüllung ist Teil der muslimischen Tradition. Wenn Nichtmuslime meinen, „die Muslime" zu verteidigen, indem sie das Kopftuch als kritikfreien Quadratmeter postulieren: Welche Muslime meinen sie?

Viertens: Es gibt in Österreich mehr Möglichkeiten als in den meisten Teilen der Welt, wegen religiöser Diskriminierung staatlich oder von maßgeblichen Teilen der Zivilgesellschaft Hilfe zu bekommen. Um zu prüfen, ob Nichtmuslime Muslime akzeptieren, ist das Kopftuch als demonstratives Testobjekt wenig hilfreich. Die Last der heiklen Bedeutungen lässt sich eben nicht mit einem Ruck (oder dem flapsigen Sager eines österreichischen Bundespräsidenten) aus dem Tuch schütteln.

Fünftens: Es gibt keine zwingenden Gründe, warum Menschen in einer säkularen Gesellschaft ihre religiöse Bindung überall öffentlich ausdrücken müssten. Wie in einem Ehestreit ist es wenig förderlich, heikle Punkte groß auf sein T-Shirt zu drucken. Angenommen, Hunderttausende Christen aller Art würden mit einem riesigen Kreuz um den Hals in Österreich herumspazieren – würde es viel helfen zu sagen, sie trügen es doch aus den unterschiedlichsten Gründen?

Apropos Kreuz: Im Jänner 2017 erklärte der österreichische Außen- und Integrationsminister Sebastian Kurz gegenüber der „Austria Presse Agentur" (APA), er könne sich ein Kopftuchverbot im öffentlichen Dienst vorstellen. Frankreich hat ein solches Verbot seit Langem, und zwar für alle großen religiösen Symbole. Ob man dann auch die Kreuze in Gerichtssälen oder Schulen abnehmen werde, wurde Kurz gefragt – was er verneinte. Sie seien Teil „historisch gewachsener Kultur in Österreich" und zudem verfassungsrechtlich abgesichert. Frauen, die ihr Kopftuch in der Öffentlichkeit als mit ihrem Körper eng verbundenen, vertrauten, schützenden oder wie auch immer wichtigen Gegenstand empfinden, sollen sich also dazu überwinden, es im öffentlichen Dienst abzulegen. Doch selbst ebenfalls einen Schritt zu tun und von Klassenzimmerwänden eines säkularen Staates Kreuze abzuhängen, kommt nicht infrage? Es sei schwer, das Kopftuch als religiöses Gebot und zugleich freie Wahl der Frau zu deuten, war in diesem Text zu lesen. Wer nach weiteren hermeneutischen Herausforderungen sucht – hier ist eine: Die „Kreuz-bleibt-Kopftuch-weg"-Position muslimischen Frauen in Österreich zu erklären.

8.

Islam und die Türken

Der Einfluss der alten Heimat

Köksal Baltaci

Sie sind zwar bei Weitem nicht die größte Gruppe der Menschen mit ausländischen Wurzeln in Österreich, werden aber in der heimischen Bevölkerung dennoch oft als die stärkste Community wahrgenommen – die Türken, die nach den Deutschen und Serben auf Platz drei der Menschen mit Migrationshintergrund liegen. Einer der Gründe, wenn nicht der wichtigste, dürfte ihre Religion sein. Denn praktisch alle der rund 300.000 Türkischstämmigen in Österreich – ob mit türkischer oder österreichischer Staatsbürgerschaft – sind Muslime. Menschen mit türkischen Wurzeln bilden mit rund 22 Prozent die größte Gruppe der Muslime, die in Österreich leben.

Die meisten muslimischen Türken sind Sunniten, die auch in der Türkei die überwiegende Mehrheit ausmachen. Bei den restlichen rund zehn bis 20 Prozent handelt es sich um Aleviten – das sind vor allem Kurden. In dieser Gruppe gibt es zwei größere Strömungen – die eine sieht das Alevitentum als Teil des Islam. Die andere nimmt für sich in Anspruch, dass sie gar keine Muslime sind, sondern einer komplett eigenständigen Religion angehören. Und obwohl auch die Sunniten kein homogener Block sind, sondern sich in verschiedene Gruppierungen aufteilen, lässt sich eines grob sagen: Sunniten praktizieren ihren Glauben – zumindest nach außen hin – sichtbarer und intensiver.

So tragen beispielsweise alevitische Frauen so gut wie nie ein Kopftuch. Aleviten gehen auch nicht in Moscheen (Cami), sondern in ein sogenanntes Cemevi – ein Gotteshaus, in dem nicht nur gebetet wird, sondern auch alevitische Traditionen vermittelt und die Probleme der Gemeinde besprochen werden. Davon gibt es in Österreich nur eine Handvoll – vor allem in größeren Städten. Türkische Sunniten haben dagegen in den vergangenen Jahrzehnten mehrere Hundert Gebetshäuser eingerichtet, auch in kleineren Städten und Dörfern. Dahinter stehen zumeist Vertreter der Gastarbeitergeneration, also jene Männer und Frauen, die ab 1964 im Zuge des sogenannten Gastarbeiteranwerbeabkommens zwischen Österreich und der Türkei zu Zehntausenden ins Land geholt wurden, um den dramatischen Arbeitskräftemangel auszugleichen und die stockende heimische Wirtschaft anzukurbeln.

Die ersten Hinterhofmoscheen

Angenommen wurde dieses Angebot zumeist von jungen männlichen Türken aus ärmeren, ländlichen und konservativen Regionen Mittel- und Ostanatoliens, kaum jemand kam aus Metropolen wie Istanbul, Ankara, Antalya und Izmir. Also durchwegs religiöse Menschen, die plötzlich in einem für sie fremden Land waren – ohne die Sprache zu sprechen und die kulturellen sowie gesellschaftlichen Gepflogenheiten zu kennen. Daher dauerte es auch nicht lange, bis – noch vor den ersten türkischen Cafés und Bars – die ersten Moscheen entstanden, die sogenannten „Hinterhofmoscheen". Das waren meist einfach größere Wohnungen, die angemietet und spartanisch eingerichtet wurden, um einen Ort zu haben, an dem man beten, einander treffen, sich unterhalten und Versammlungen abhalten konnte. Zudem wurde meist ein Vorbeter (Hodscha) aus der Türkei geholt, der in der Moschee wohnte und zugleich als Imam, Seelsorger und Ansprechpartner für Alltagssorgen fungierte. Später wurden in diesen Moscheen auch die Kinder der Gastarbeiter im Lesen und Verstehen des Koran unterrichtet, in den Schulferien wurde (und wird) oft auch ganztägig unterrichtet.

Finanziert wurden diese Gebäude zunächst von den Menschen selbst, die Mitgliedsbeiträge entrichteten. Auch das Gehalt des Vorbeters wurde von diesen Beiträgen und zusätzlichen Spenden bezahlt. Waren größere Anschaffungen wie etwa eine neue Küche oder eine Satellitenanlage nötig, legten alle zusammen. Letztere durfte im Übrigen in keiner Moschee fehlen. Denn Satellitenanlagen konnten sich zunächst die wenigsten Familien in ihren eigenen Wohnungen leisten, sodass die Moscheen jahrelang die einzige Möglichkeit boten, auf Türkisch fernzusehen, um etwa die Nachrichten zu verfolgen oder auch Fußballspiele und Filme beziehungsweise Serien aus der Türkei zu sehen.

Die Finanzierung dieser Moscheen und die der Vorbeter wurde erst gegen Ende der 1980er-Jahre auf professionellere Beine gestellt, hauptsächlich durch die Bestrebungen der Gastarbeiter. Diese hatten mittlerweile meist ihre Familien nachgeholt und wünschten sich besser ausgebildete Imame für sich und ihre Kinder. Was auch einer der Gründe dafür war, dass sich unterschiedliche Dachverbände aus der Türkei – wie etwa Millî Görüş und die Süleymanci-Bewegung – in Österreich etablierten. Dabei ist ein großer Teil der türkischstämmigen Muslime gar nicht Mitglied von Moscheevereinen dieser Verbände. Schätzungen zufolge (genaue Erhebungen gibt es nicht) gehören lediglich rund 30 Prozent der muslimischen Türken in Österreich diesen Dachverbänden an, die politische Strömungen repräsentieren und unterschiedliche Praxen sowie theologische Auslegungen haben.

Lange Tradition des Islam in Österreich

„Auch wenn die Geschichte des Islam in Österreich eine sehr lange Tradition hat, kann angenommen werden, dass der gegenwärtig als türkisch geprägt wahrgenommene Islam in Österreich primär durch die Gastarbeiter entstanden ist", sagt Zekirija Sejdini, Professor für Islamische Religionspädagogik am Institut für Islamische Theologie und Religionspädagogik der Universität Innsbruck. „Die Genese dieser Prägung fällt mit den ersten Gastarbeitern zusammen. Sie haben sehr früh ihre Moscheevereine gegründet und versucht, darin den Islam, wie sie ihn aus ihrer Heimat kennengelernt haben, auszuüben."

Eine wichtige Rolle bei den diversen Auslegungen des türkischen Islam in Österreich spielten auch lokale beziehungsweise regionale Phänomene, sagt Evrim Ersan-Akkilic, Wissenschaftlerin am Institut für Islamische Studien der

Universität Wien. Denn aus welcher Region der Türkei jemand stammt, bestimme in vielerlei Hinsicht seine ausgelebten Praktiken. „Zusätzlich wandelt sich das mitgebrachte Islamverständnis im österreichischen Kontext durch die Interaktionen mit anderen Gruppen, die unterschiedliche muslimische Hintergründe bzw. Zugehörigkeiten haben", sagt sie. „Auf Alltagsebene werden unterschiedliche Formen des Islam ausgelebt, konservative ebenso wie liberale. Darüber hinaus gibt es Muslime, die in der Literatur als Kulturmuslime bezeichnet werden. Die also außer dem Umstand, dass sie aus einem muslimisch geprägten Land stammen, keinen Bezug zum Islam haben."

Haltung statt ethnischer Grenzen

Die Frage nach der Besonderheit beziehungsweise Einzigartigkeit des türkischen Islam in Österreich ist für Sejdini „schwer zu beantworten", da sie suggeriere, dass es innerhalb bestimmter ethnischer Gruppen homogene Vorstellungen vom Islam gebe. Das sei nicht „unproblematisch". „Denn beispielsweise ist die Bezeichnung ‚arabisch' so umfangreich und vielfältig, dass es kaum möglich ist, einen ‚arabischen Islam' zu charakterisieren", meint er. „Daher erscheint es in diesem Kontext sinnvoller, eher über Haltungen bzw. theologische Strömungen zu sprechen, die sich weit über ethnische Grenzen erstrecken." Denn die Charakteristika einer bestimmten Prägung würden oft mit historischen Ereignissen zusammenhängen. So sei zum Beispiel der bosnische Islam dem türkischen ähnlicher als dem arabischen. Das habe natürlich historische Gründe, da der Islam sich auf dem Balkan eher über das Osmanische Reich ausgebreitet habe. Eine ethnische Prägung des Islam, so Sejdini, sei fast unmöglich. Nicht zuletzt, weil auch die Globalisierung ihre Spuren hinterlassen habe. Traditionelle Prägungen würden also immer mehr an Bedeutung verlieren. „Trotz dieser Tatsachen kann grob behauptet werden, dass der traditionelle türkische Islam eine eher mystische Färbung hat und sich auch dadurch auszeichnet."

Prognosen darüber, in welche Richtung sich der türkische Islam in Österreich entwickeln wird, können Sejdini zufolge nur vage und ungenau ausfallen. Vor allem wenn man bedenke, wie viele Faktoren Einfluss darauf hätten. Die politische Lage in Österreich und in Europa, aber auch in der Türkei, würde die Entwicklung des türkischen Islam in Österreich maßgeblich prägen. Die Zukunft des türkischen Islam würde aber auch von anderen Dingen abhängen, die das Bild des Islam beeinflussen. Etwa von den Flüchtlingsbewegungen und auch von der allgemeinen Haltung gegenüber dem Islam und Muslimen in Österreich und Europa. All das könnte laut Sejdini einen Einfluss darauf haben, wie sich der türkische Islam entwickeln wird – ob er sich etwa verstärkt isoliert und stets ein Fremdkörper bleibt oder ob er sich öffnet und versucht, sich in dem neuen Kontext zu beheimaten.

Nichtsdestotrotz sehe er jedenfalls ein großes Entwicklungspotenzial unter den türkischen Muslimen in Österreich. Um dieses Potenzial jedoch in der Praxis umsetzen zu können, müsse man sich von Organisationen und Strukturen loslösen, die ihren Tätigkeitsmittelpunkt außerhalb Österreichs haben. Und die, so Sejdini, für die Entwicklung der türkischen Muslime in Österreich kontraproduktiv seien. Gemeint sind etwa von der Türkei aus gesteuerte Vereine, die das Ziel haben, die Bande der österreichischen Türken zur alten Heimat stark zu halten.

Das bedeute nicht, dass die internationalen Beziehungen, etwa zur Türkei, aufgelöst und die türkischen Muslime in Österreich sich vom Rest der islamischen Welt isolieren müssten. Doch sollten sie unabhängig werden und in ihren Aktivitäten und Entscheidungen den österreichischen Kontext stärker einfließen lassen. Er sei jedenfalls fest davon überzeugt, dass die türkischen Muslime, besonders die Jugendlichen, einen viel alltagstauglicheren Zugang zu ihrer Religion hätten, wenn sie sich beim Praktizieren ihrer Religion ohne Vorgaben aus Ländern wie der Türkei frei entfalten könnten. Sejdini: „Somit würde sich in Zusammenarbeit mit anderen ethnischen Gruppierungen die Möglichkeit ergeben, auch eine Prägung des Islam zu entwickeln, der unserem österreichischen bzw. europäischen Kontext entspricht."

„Islam in ganz neuer Phase"

In einer „ganz neuen Phase" befindet sich der türkisch geprägte Islam Evrim Ersan-Akkilic zufolge. Denn nie zuvor seien die Muslime in Österreich unter einem derartigen öffentlichen Interesse gestanden wie jetzt. „Wenn wir über die Zukunft des Islam in Österreich sprechen, müssen wir auch unterschiedliche Ebenen wie die Diskurse über Muslime in Österreich, die transnationalen Verbindungen, innerislamische theologische Deutungskämpfe sowie globale Ereignisse berücksichtigen", sagt sie. Auch wegen der terroristischen Anschläge, die in den vergangenen Jahren in unterschiedlichen Regionen der Welt verübt wurden, seien in der europäischen und österreichischen Mehrheitsgesellschaft islamfeindliche Strömungen entstanden. Auch die beeinflussen die Identität der Muslime, insbesondere die der jüngeren Generation.

So sei in etwa der Besuch des sich damals wahlkämpfenden türkischen Staatspräsidenten Recep Tayyip Erdogan im Juni 2014 in Wien ein „Wendepunkt" in der Beziehung zwischen der türkischen Community und der Mehrheitsgesellschaft gewesen. Auch auf politischer Ebene habe dieses Ereignis einen Neuanfang begründet. „Insbesondere Erdogans Aussage, dass sich die Türken in Österreich nicht assimilieren sollten, wurde von der österreichischen Politik als ein Angriff auf teilweise gelungene Integrationspolitik verstanden", sagt Ersan-Akkilic. „Daher glaube ich: Wie mit der Religionsfreiheit und den religiösen Identitäten in unserer Gesellschaft umgegangen wird, wird mitbestimmen, ob sich der Islam in Österreich in eine liberalere oder eine rückschrittliche Richtung entwickeln wird."

Die Zukunft des Islam in Europa und Österreich sei also nicht nur als ein innerer theologischer Orientierungskampf zu verstehen. Wie sich die religiösen Intuitionen transformieren und ob sie sich von politischen Einflüssen aus der Türkei emanzipieren werden, die die Strukturen, Ideen und Bruchlinien innerhalb der religiösen Institutionen bestimmen, werde künftig das Wesen des Islam maßgeblich prägen. Ersan-Akkilic: „Ich glaube, dabei kann eine neue intellektuelle Generation, die hier aufgewachsen ist und multiple Identitäten hat, eine Vorreiterrolle spielen."

9.

Islam und Extremismus
Die Kinder des Jihad

Anna Thalhammer

So hatte sich Samra ihr Leben nicht vorgestellt. Ein ärmliches Dasein als Teenagermutter in einem kleinen türkischen Dorf, in das sie fliehen musste, nachdem sie aus der kriegsgebeutelten syrischen Stadt Raqqa vertrieben worden war. Ein Leben ohne Liebe. Erst drei Jahre ist es her, dass sie als Sechzehnjährige ihren Mann, einen durchtrainierten Tschetschenen, geheiratet hatte. Jetzt bekommt sie ihn kaum mehr zu Gesicht. Ein Leben ohne Freunde. Die sind im Krieg fast alle gestorben. Vermutlich auch ihre beste Freundin Sabina, die für sie wie eine Schwester war. Sie sind im selben Haus in Wien aufgewachsen, in dieselbe Schule gegangen, hatten dieselben Freunde. Und gemeinsam sind sie zum Abenteuer ihres Lebens aufgebrochen – dachten sie zumindest. Zeitungen berichteten im Herbst 2014, Sabina sei tot – seitdem hat niemand mehr etwas von ihr gehört. Aber auch über Samra hatte es schon derartige Berichte gegeben – sie sei bei ihrer Flucht aus Raqqa erschlagen worden, hieß es. „Es ist besser, Medien nicht zu glauben, weil dort sowieso nur Lügen verbreitet werden", hatte Samra immer gesagt. Und so hofft sie jeden Tag, doch noch eine Nachricht von ihrer Freundin zu erhalten. Sie vermisst sie ebenso wie ihre Familie, die sie seit Jahren nicht mehr gesehen hat. Aber nach allem, was geschehen ist, ist es keine Option, zu ihren Eltern zurückzukehren. Davon abgesehen würde sich ihr Mann für einen derartigen Verrat vermutlich bitter rächen.

Sabina und Samra. Im Grunde waren sie wie viele Mädchen ihres Alters: Sie rebellierten gegen ihre Eltern, die Schule und Autoritäten. Sie wollten die Welt verändern, zu etwas Großem beitragen – und tatsächlich gingen ihre Fotos um die Welt. Sie wurden zu Ikonen Hunderter muslimischer Jugendlicher in Europa. Die beiden in Österreich aufgewachsenen Mädchen mit bosnischen Wurzeln verließen am Morgen des 10. April 2014 ihr Zuhause in Wien-Favoriten. Küsschen für die Mütter und ein kurzer Brief, den sie auf den Betten in ihren Kinderzimmern liegen ließen – das war der ganze Abschied. „Wir sind auf dem richtigen Weg. Wir gehen nach Syrien, kämpfen für den Islam. Wir sehen uns im Paradies", schrieben sie.

Die damals fünfzehnjährige Sabina und die sechzehnjährige Samra gehörten zu den ersten in Europa bekannt gewordenen Fällen radikalisierter Jugendlicher, die sich der Terrormiliz Islamischer Staat (IS) anschlossen und nach Syrien zogen. Ihre Geschichte wurde monatelang medial bis in das kleinste Detail breitgetreten. Da waren die Fotos der beiden, auf denen sie mit Gesichtsschleier und stark geschminkten Augen vor der Kamera posierten. Oder die Selfies, wie sie einander und ihre Kalaschnikows umarmten. Via Social Media versicherten sie, in Syrien ihr Glück gefunden zu haben, und riefen dazu auf, es ihnen gleichzutun. Was auch immer Samra oder Sabina damals taten oder sagten – es fand seinen Weg in den Boulevard. Und so wurden sie zu Postergirls des sogenannten „Islamischen Staats" und lösten einen regelrechten Hype aus. Die Mädchen mit den strahlend blauen Augen wurden zu Idolen jener Untergrundjugendkultur, die heute eines der größten Probleme Europas darstellt. Viele IS-Anhänger, die so wie die beiden Mädchen nach Syrien gingen, sind mittlerweile zurückgekehrt. Oder, ein neues Phänomen, sie bleiben in Europa und verüben hier Anschläge im Namen des IS. Der erste größere dieser Art war jener auf die französische Satirezeitung Charlie Hebdo am 7. Jänner 2015. Zwölf Menschen starben damals. Mittlerweile sind es Hunderte, die in Europa durch derartige Anschläge gestorben sind.

Vorsichtiger Optimismus beim Verfassungsschutz

In Österreich konnten mutmaßliche Terroristen bisher immer rechtzeitig gestoppt werden. Seit den Anschlägen auf „Charlie Hebdo" gilt im Land eine erhöhte Sicherheitsstufe, Exekutive wie Geheimdienste haben massiv Personal aufgestockt. Laut aktuellem Verfassungsschutzbericht waren bis Ende 2016 insgesamt 296 Personen bekannt, die sich aktiv am Jihad in Syrien (und dem Irak) beteiligt haben oder sich beteiligen wollten.

Davon sind laut unbestätigten Informationen vermutlich 45 Personen in der Region ums Leben gekommen – Sabina ist womöglich eine davon. 90 Personen sind wieder nach Österreich zurückgekehrt. 51 weitere konnten an einer Ausreise gehindert werden und halten sich weiterhin in Österreich auf. Rund 80 Prozent der Verdächtigen sind jünger als 25 Jahre und männlich. Prominente Beispiele sind etwa der Wiener Firas H., der in der Propagandaabteilung des IS mitwirkte und vor allem durch seine grausamen Videos auffiel. Er soll 2015 in Syrien getötet worden sein. Oder Mohamed Mahmoud, der bereits 2007 als 21-Jähriger verhaftet wurde und wegen seiner radikal-islamistischen Aktionen in Österreich im Gefängnis saß. Trotz Warnungen des Gefängnisseelsorgers wurde er 2011 aus der Haft entlassen und trat schon einige Tage später wieder unter dem Pseudonym „Abu Usama" auf. In seinen Hasspredigten rief er zum Kampf gegen Ungläubige auf. Auch er zog nach Syrien und war unter anderem in einem Hinrichtungsvideo des IS zu sehen.

Der Verfassungsschutz beurteilt die aktuelle Lage vorsichtig optimistisch. Es sei zu beobachten, dass sich der Hype um den „Islamischen Staat" langsam legt, heißt es. Während der IS im Jahr 2014 in Österreich mehr als hundert Neurekrutierungen verbuchen konnte, waren es 2016 nur mehr 37 Personen, die in den Jihad ziehen wollten. Das hat mehrere Gründe: Allem voran, dass der IS in Syrien und im Irak schwere Rückschläge erlitten hat und somit an Glanz und Attraktivität eingebüßt hat. Die Motivation potenzieller Anhänger, als Gründungsmitglied eines Kalifats in die Geschichte einzugehen, schwindet. Außerdem wurden in Österreich etliche Maßnahmen getroffen, um dem Zulauf entgegenzuwirken: Man setzt einerseits auf Prävention durch Sozialarbeit, andererseits wird strikt gegen IS-Sympathisanten vorgegangen.

Das Herzstück des Deradikalisierungsplans ist die „Beratungsstelle Extremismus" im Familienministerium, die auch eine Hotline betreibt. Dort rufen etwa Eltern an, die alarmierende Veränderungen bei ihren Kindern wahrnehmen. Oder Pubertierende, die sich um ihre Freunde sorgen. Und im Idealfall auch jene Jugendlichen, die noch nicht sicher sind, ob der IS das Richtige für sie ist – oder weil sie sich von der radikalen Gruppe wieder abwenden wollen. Von Ende 2014 bis Anfang 2017 gingen bei der Anlaufstelle rund 2.300 Anrufe ein.

Die Stelle bietet darüber hinaus Schulungen für Sozialarbeiter und Lehrpersonal an. Sie sollen lernen, Radikalisierung möglichst früh zu erkennen und wie man ihr entgegenwirken kann. Aus Fehlern, die man bei Samra und Sabina gemacht hatte, versucht man nun zu lernen: Nachdem die Mädchen an ihrer Schule in Wien-Favoriten ihre Sympathien für den „Islamischen Staat" geäußert und arabische Zeichen auf die Tafel gekritzelt hatten, wurden sie vom Unterricht suspendiert. Für die Mädchen, die ohnehin Probleme zu Hause hatten, verschärfte sich ihre instabile Lage: ein perfekter Nährboden für die Botschaften der Islamisten. Man würde sie hier einfach nicht wertschätzen, wurde ihnen gesagt. Die Ungläubigen könnten sie einfach nicht verstehen, sie würden hier nie einen angemessenen Platz finden und glücklich werden, trichterten ihnen ihre neuen radikalisierten Freunde ein. Allerdings gebe es einen Ort, an dem all diese Probleme verschwinden würden, wo sie einen ehrenhaften Platz in der Gesellschaft bekommen – und eine glückliche Familie gründen könnten: bei den Gotteskriegern in Syrien. Weil es dort eben egal sei, woher man kommt, wer man ist oder was man getan hat, solange man sich nur an die von der Scharia vorgegebenen Regeln hält, so die Doktrin.

Einerseits will der Staat also Sorge dafür tragen, dass Jugendliche erst gar nicht so weit kommen, einer derartigen Gehirnwäsche unterzogen zu werden. Andererseits wird rigoros gegen IS-Anhänger vorgegangen – darum gab es zwischen 2014 und 2017 mehrere Gesetzesverschärfungen. Das Gutheißen des IS ist nun ebenso strafbar wie das Tragen von IS-Symbolen. Beweismittel werden nun schneller anerkannt, um potenzielle Terroristen rasch verhaften zu können. Mit Stand 1. Juni 2017 befanden sich 63 IS-Anhänger in österreichischen Gefängnissen.

Ein Prediger als Mastermind der Austro-Jihadisten

Einer davon ist Mirsad Omerovic. Der 35-Jährige gilt als Mastermind der Austro-Jihadisten und soll für die Rekrutierung Hunderter Jugendlicher verantwortlich sein. Nachdem er Ende 2014 verhaftet wurde, hat der Zulauf zum IS merklich abgenommen.

Auch Samra und Sabina wurden in seiner Altun-Alem-Moschee in der Leopoldstadt radikalisiert. Kontakt zu dem Mann, der in Jihadistenkreisen als Ebu Tejma bekannt ist, bekamen die beiden vermutlich durch Salafisten, die immer wieder vor ihrer Schule Korane verteilten. Sie empfahlen den Mädchen, Ebu Tejmas Videos im Netz anzusehen – langatmige Reden über Gut und Böse, Gläubige und Ungläubige, über Demokratie und die Scharia, den Westen und dessen Verfall. Später besuchten sie gemeinsam den abgeschotteten Moscheeverein des gebürtigen Bosniers – wie Hunderte andere junge Menschen mit hauptsächlich bosnischen und tschetschenischen Wurzeln. Diese beiden Gruppen stellen den Großteil der Austro-Jihadisten. Die Gründe dafür sehen Experten in ihren alten Heimatländern: Sowohl Bosnien als auch Tschetschenien sind muslimische, von Krieg gebeutelte Länder. In beiden Ländern kämpften Mudschaheddin (Gotteskrieger) aus dem arabischen und asiatischen Raum Seite an Seite. Saudi-Arabien etwa unterstützte Bosnien in den Balkankriegen der 1990er-Jahre zuerst mit Kämpfern – und dann mit Millionen für den Bau von Moscheen. Für die neuen Gotteshäuser schickten sie Imame, die hier einen Islam nach saudischem Muster predigten – den Wahhabismus, eine puristisch-traditionalistische Richtung des sunnitischen Islam. Bosnien, ein Land, das immer stolz auf seinen gelebten, liberalen Islam war, kämpft heute mit abgeschotteten, islamistischen Dörfern, von denen aus Terroristen in ganz Europa mit Waffen versorgt werden.

Mirsad Omerovic galt in Österreich als Knotenpunkt des jihadistischen Netzwerks am Balkan. Er wurde im Juli 2016 am Grazer Straflandesgericht – nicht rechtskräftig – zu zwanzig Jahren Haft verurteilt. Seine Moschee in der Venediger Au wurde geschlossen. Eine Moschee, die mit den offiziellen Repräsentanten des österreichischen Islam, der Islamischen Glaubensgemeinschaft, nie etwas zu tun haben wollte. Immerhin gelten unter den IS-Anhängern all jene, die sich dem IS nicht anschließen wollen, als „Ungläubige". Die Islamische Glaubensgemeinschaft hatte sich aber nach jedem in Europa verübten Anschlag von der Glaubenslehre des IS distanziert.

Bisher gibt es zumindest in Österreich auch keinen bekannten Fall von irakischen, syrischen oder afghanischen Flüchtlingen, die sich dem IS angeschlossen haben. Im Gegenteil: Während der großen Flüchtlingswelle im Sommer und Herbst 2015 versuchten Salafisten, junge Syrer, Iraker und Afghanen am Westbahnhof für sich zu gewinnen. Die Flüchtlinge vertrieben die Männer mit den langen Bärten und weißen Gewändern mehrmals. Dass der IS aber – erfolgreich – versucht hat, Terroristen mit den Flüchtlingen einzuschleusen, ist auch eine nicht zu leugnende, beunruhigende Tatsache.

Glaubt man Experten, könnte die Schlacht gegen den IS bald geschlagen sein und Frieden in Syrien und im Irak einkehren. Auch der Verfassungsschutz wertet jene Terroranschläge, die zuletzt in Europa verübt wurden, als ein letztes Aufbäumen des IS. Die Terrormiliz hat bereits aufgerufen, nicht mehr nach Syrien zu reisen, sondern Anschläge in der eigenen Heimat zu verüben. Dass die weniger werdenden Anhänger dem Folge leisten, ist ein großes Problem. Nicht weniger problematisch ist aber auch, dass – auch wenn der IS eines Tages vielleicht verschwindet – der Nährboden für Extremismus in Österreich bleibt. Weil es viele Jugendliche wie Samra und Sabina gibt, die sich von der Gesellschaft ausgeschlossen fühlen, die aus zerrütteten Familien kommen – die sich nach einfachen Erklärungen in einer komplexen Welt sehnen und nach Regeln, wie man Gut von Böse unterscheidet. Jugendliche wie sie werden immer leichte Opfer für extremistische Gruppierungen bleiben.

Während Samra und Sabina nach Syrien zogen, um dort zu heiraten und eine Familie in einem neuen, in ihren Vorstellungen perfekten Staat zu gründen – blieben die Ihren in Wien zurück und leiden unter der Situation. Samras Eltern leben noch immer im Gemeindebau in Wien-Favoriten. Ihre Wohnung verlassen sie nur zum Arbeiten oder Einkaufen. Sabinas Familie ist ausgezogen – Hauptsache weg. Denn alles hier erinnert sie an ihre verlorene Tochter.

10.

Islam und Antisemitismus
Neuer Import des alten Gifts

Rainer Nowak

Es ist eine schwierige Frage: Wie schlecht ist das Verhältnis zwischen Muslimen und Juden in Österreich? Zwischen dem Islam und dem Judentum? Es gibt eine einfache Antwort: Es kommt immer darauf an, wen man fragt. Wirklich harmonisch war die Beziehung auch auf höchster Ebene nie, zuletzt hieß es vonseiten der Israelitischen Kultusgemeinde (IKG): Man bekomme überhaupt keinen Termin mit dem Gegenüber. Aber mittlerweile hat ein solcher Termin mit der Islamischen Glaubensgemeinschaft in Österreich einigermaßen gesittet stattgefunden. Und gelegentlich gibt es sogar ganz offene Solidarisierungen – als etwa Ende 2015 die Supermarktkette Spar nach heftigen Protesten ihren Versuch aufgab, Halal-

Fleisch zu verkaufen. Da zeigte sich die IKG schockiert über die Kampagne und zog Parallelen zur traditionellen antisemitischen Argumentation gegen koscheres Fleisch.

Ganz offiziell heißt es, das Verhältnis zwischen den Religionen und den jeweils dazugehörigen Gläubigen sei viel besser als in anderen Ländern. Zynische Relativierung dieser Feststellung: Genau, Wien ist nicht Jerusalem. Und das stimmt bis zu einem gewissen Grad natürlich.

In Marseille wird jüdischen Bürgern empfohlen, auf das Tragen der Kippa zu verzichten, um keine antisemitischen Übergriffe von Muslimen zu provozieren. Studiert man den aktuellen Verfassungsschutzbericht, wird man ebenfalls nichts bis wenig über antisemitische Übergriffe lesen. Wohl wird da im Sog der Flüchtlingskrise vor einer Radikalisierung gewarnt – jedoch vor keiner spezifisch antisemitischen. Wörtlich heißt es im Bericht, der Mitte Juni 2017 vorgestellt wurde: „Ein Ende der rechtsextrem motivierten asylfeindlichen Agitationen und Aggressionen ist trotz rückläufiger Asylwerber-Zahlen nach wie vor nicht abzusehen. Rechtsextremes Gedankengut, Antisemitismus, Islam- und Asylfeindlichkeit werden auch in bisher nicht ideologisierten Personenkreisen rechtsextremistisch aufbereitet und verbreitet." Und: Von den insgesamt 1.313 bekannt gewordenen Tathandlungen waren 41 – also 3,1 Prozent – antisemitisch. Durch antisemitisch motivierte Tathandlungen kamen im Jahr 2016 keine Personen zu körperlichem Schaden.

Mehr Flüchtlinge, mehr Antisemitismus

Was nicht im Bericht steht – im Zuge der Recherchen zu diesem Buch von einem Mitarbeiter des Bundesverfassungsschutzes, der anonym bleiben möchte, aber offen formuliert wurde: Steigt die Zahl der Flüchtlinge aus Syrien und etwa Afghanistan, steigt der Antisemitismus. Dass der in beiden Ländern salonfähig war und ist, wird wohl kein vernünftiger Mensch bestreiten. Oskar Deutsch, Präsident der Israelitischen Kultusgemeinde, fordert jedenfalls „mehr Bewusstseinsarbeit bei Flüchtlingen". Im Gegensatz zum Bericht der Staatsschützer nannte Deutsch im April 2017 „dramatische Zahlen". Bezug nahm er dabei auf den Antisemitismusbericht 2016, der vom „Forum gegen Antisemitismus" erstellt wurde – eine Einrichtung, die seit der Einstellung des Rechtsextremismusberichts des Innenministeriums im Jahr 2002 Daten und Berichte sammelt. Im Bericht werden 477 Vorfälle in Österreich registriert. Zwei Drittel davon werden in dem Bericht in die Kategorie „rechts" eingestuft, 22 Prozent laufen unter „islamistisch" und zehn Prozent als „links".

Stark angestiegen seien laut Deutsch islamistisch motivierte Übergriffe auf jüdische Schüler. Im März 2016 sei etwa ein Wiener Schüler mit Sätzen wie „Jude, du gehörst vergast" und „Hitler hat seine Aufgabe nicht fertig gemacht. Wir gehen in den Jihad und sorgen dafür!" angegriffen worden. Dies und eine Attacke mit der Faust hätten den Vater des betroffenen Schülers veranlasst, zur Polizei zu gehen. Der Beamte, der im Dienst war, habe die Anzeige aber laut dem Bericht nicht entgegennehmen wollen. Und derartiger Antisemitismus sei nicht unbedingt nur in sozial schlechtergestellten Schichten zu finden. Selbst in der Eliteschule „Lycée Français" gab es laut Informationen aus der IKG zuletzt antisemitische Vorfälle.

Wie stark die Vorurteile bei muslimischen Jugendlichen sein können, zeigt eine im Juni 2017 präsentierte Studie des „Zentrums für Politische Bildung" an der Pädagogischen Hochschule Wien. Für sie waren 700 Lehrlinge mit und ohne Migrationshintergrund befragt und deren Aussagen auch unterschiedlich ausgewertet worden. Dabei stimmten von jenen Schülern, die angaben, dass bei ihnen zu Hause Arabisch, Türkisch, Bosnisch oder Albanisch gesprochen werde, 48 Prozent der Aussage zu, dass „Juden in Österreich zu viel Einfluss haben". Jene Schüler, die zu Hause Deutsch sprechen, gaben der These zu 24 Prozent recht.

Vonseiten der Islamischen Glaubensgemeinschaft wird immer wieder betont, dass zulässige Israel-Kritik häufig als Antisemitismus denunziert werde. Ähnlich argumentieren gerne – vor allem in Deutschland und in anderen europäischen Ländern – linke Politiker, die Israel gerne einmal als faschistisch bezeichnen. Und auch am „Al-Quds-Tag", dem sogenannten „Jerusalem-Tag" (al-Quds ist der arabische Name für Jerusalem), an dem weltweit zu Massendemonstrationen gegen Israel ausgerufen wird, fällt die Unterscheidung schwer: Auch in Wien wird Israel dann auf Plakaten als Kindermörder- und Faschistennation bezeichnet. Offiziell ist natürlich von Antisemitismus nicht die Rede. Aber im Eifer der Demonstration wird wohl jeder Jude für einen zu bekämpfenden Zionisten gehalten.

Jedenfalls wird der Al-Quds-Tag von Experten als islamistisch bis antisemitische Propagandaveranstaltung der iranischen Führung und ihrer Verbündeten wahrgenommen. Sie findet jedes Jahr auch in Wien statt – unter anderem mitorganisiert vom schiitischen Imam Erich Muhammad Waldmann. Natürlich wird auch umgekehrt auf der jüdischen Seite in Österreich mit jeder Verschärfung im Nahost-Konflikt und jedem Attentat in Jerusalem scharfe Kritik an Israel als Angriff auf das Judentum interpretiert.

Aktionen für gegenseitigen Respekt

Also keine Hoffnung auf gegenseitiges Verständnis zwischen Juden und Muslimen? Wird die Distanz auch in Österreich automatisch größer? Das muss nicht gesagt sein, es gibt immer wieder Initiativen, die dagegen und für gegenseitigen Respekt arbeiten.

Da wäre etwa eine Aktion von Danielle Spera, Direktorin des Jüdischen Museums in Wien. Schulklassen aus allen Bezirken Wiens werden im Museum regelmäßig in die Geschichte und Traditionen des Judentums eingeführt – dabei ist naturgemäß auch eine große Anzahl muslimischer Kinder vertreten. Und: Auch für Flüchtlinge bietet das Jüdische Museum diese Proseminare und Führungen ins Judentum. Die meisten Teilnehmer kämen nicht nur einmal, sagt Spera. Und: Negative Reaktionen erlebe sie so gut wie nie, schlimmstenfalls Desinteresse. Besonders interessant fänden muslimische Schüler die Tatsache, dass es Parallelen zwischen den Religionen gibt: etwa in den Ernährungsvorschriften. So gibt es viele Lebensmittel, die gleichermaßen für Juden „koscher" und für Muslime „halal" sind. „Das erstaunt viele Schüler, für die das Christentum mit seinen Ritualen und Traditionen fast weiter weg ist", so Spera.

Eine symbolisch besonders berührende Initiative im Verhältnis von Juden und Muslimen beschrieb „Presse"-Außenpolitikchef Christian Ultsch: Schlomo Hofmeister, Gemeinderabbiner in Wien, und Ramazan Demir, Imam der Islamischen Glaubensgemeinschaft, hatten sich auf eine gemeinsame Tour in die Türkei, nach Israel und in die Palästinensergebiete begeben. Im Sommer 2014 hatten der Rabbiner und der Imam miterlebt, wie der Gaza-Krieg ihre Gemeinden im 2.400 Kilometer entfernten Wien aufwühlte. Sie sahen, wie Religion für politische Zwecke missbraucht, wie gehetzt wurde. Und nun wollten sie sich selbst ein Bild machen, die Sicht der „anderen" Seite begreifen – und zeigen, wie stark ein Jude und ein Muslim auch im Angesicht des ewigen Nahostkonflikts miteinander verbunden sein können, religiös und auch freundschaftlich. Die Reise fand Niederschlag in Zeitungsberichten – 2014 etwa in der „Presse am Sonntag" – und erschien im Sommer 2016 auch als Buch: „Reise nach Jerusalem: Ein Imam und ein Rabbiner unterwegs."

Dem österreichischen Außenministerium gefiel das Projekt; es steuerte finanzielle und vor allem auch organisatorische Unterstützung bei. Das Echo auf diese gemeinsame dialogische Reise war jedenfalls enorm. Ein Zitat aus der 2014 erschienenen Geschichte in der „Presse am Sonntag": „Noch in dieser Nacht gehen der Rabbiner und der Imam zur Klagemauer. Am nächsten Morgen führt Schlomo Hofmeister durch das renovierte jüdische Viertel, zeigt auf die Mesusot, die Schriftkapseln an jedem rechten Türstock. ‚Du bist Rabbi?', fragt ein Bub in der Hurva-Synagoge. Er kann es nicht fassen, dass Schlomo Hofmeister mit einem Imam unterwegs ist. Immer wieder erntet das Paar neugierige Blicke, manchmal auch belustigte."

Das Beispiel des Rabbiners und des Imams zeigt, dass ein gegenseitiges Verständnis durchaus machbar ist – und dass es sogar weit darüber hinausgehen kann, nämlich in Richtung einer echten Freundschaft. Gerade mit dem Blick auf die Persönlichkeiten der beiden lässt sich ein mögliches Rezept dafür herauslesen, wie ein Dialog funktionieren könnte: mit gegenseitigem Respekt, Verständnis für die Position des anderen – und nicht zuletzt auch mit Humor.

11.

Islam und Recht
Kein Minarett und keine Burka

Benedikt Kommenda

Unter den Laborbedingungen des geschriebenen Rechts gehört der Islam eindeutig zu Österreich: Seine gesetzliche Anerkennung hat hier eine wesentlich längere und solidere Tradition als in vielen anderen europäischen Ländern. Im wirklichen Leben aber, und ganz besonders dann, wenn das Innere des Glaubens nach außen in Erscheinung tritt, zeigt sich ein ganz anderes Bild: Wollen Musliminnen die Vollverschleierung mit Niqab oder Burka tragen, wollen Muslime eine Moschee mit Minarett bauen, stoßen sie auf Hürden, die mit der formal gleichberechtigten Zugehörigkeit nur schwer vereinbar erscheinen.

Der Islam ist in Österreich schon 1912 gesetzlich anerkannt worden. Grund waren damals nicht Gastarbeiter, Wirtschaftsmigranten oder Flüchtlinge. Vielmehr hatte sich das Kaiserreich ausgedehnt und mit Bosnien-Herzegowina ein Gebiet annektiert, das mehrheitlich von Muslimen bewohnt war. Im Vorfeld der Gesetzwerdung spielte auch ein Plan des damaligen Wiener Bürgermeisters Karl Lueger eine Rolle, eine Moschee für die hier lebenden Muslime zu bauen. Ohne vorherige Anerkennung könne die Moschee nicht errichtet werden, hieß es damals. Die Anerkennung folgte zwar, der Bau jedoch nicht.

Nach den Katholiken, Orthodoxen, Protestanten und Juden bilden die Muslime also eine der ältesten gesetzlich anerkannten Kirchen und Religionsgesellschaften. Weil aber das alte Islamgesetz manche neue Frage im Verhältnis zwischen Staat und Glaubensgemeinschaft offengelassen hat, reifte hundert Jahre später die Erkenntnis: Österreich braucht ein neues Islamgesetz, das auch bestimmt, welche Rolle diese Religion an den Universitäten spielt, in der Schule oder in Spitälern oder beim Militär. Denn wo immer in Österreich die Verwaltung involviert ist, geht ohne gesetzliche Grundlage gar nichts.

Mittlerweile hatte sich aber die Stimmung gedreht, wie auch längst nicht mehr Österreich zu den Muslimen gekommen ist, sondern diese nach Österreich. Vor allem die freiheitliche Opposition nützte Ängste vor einer wachsenden islamistischen Bedrohung und spielte gezielt die Heimat gegen den – mit Islamismus keineswegs gleichzusetzenden – Islam aus: „Daham statt Islam", lautete das eingängige Motto, das sogar FPÖ-Chef Heinz-Christian Strache nachträglich als „Verkürzung" bedauern sollte.

Misstrauensvorschuss gegenüber Muslimen

Die emotionale Aufladung hat jedenfalls ihre Spuren im neuen Islamgesetz hinterlassen, das am 31. März 2015 in Kraft getreten ist. „Es enthält einen undifferenzierten Misstrauensvorschuss gegenüber den Muslimen, der wohl der FPÖ geschuldet war", sagt der Wiener Religionsrechtsexperte Richard Potz. Er hätte es für wichtig gehalten, zwischen der friedlichen islamischen Mehrheit zu unterscheiden und einem islamistischen Radikalismus, gegen den konsequent vorgegangen werden müsse.

Nach §2 soll das islamische Recht dem staatlichen Recht nicht vorgehen. Potz: „Das ist eigentlich eine Selbstverständlichkeit, also überflüssig." Die Sorge war wohl, dass aus islamisch dominierten Ländern am Golf, in denen genau umgekehrt die islamische Scharia dem staatlichen Recht vorgeht, unerwünschte Phänomene gleichsam „importiert" werden könnten – zum Beispiel die Mehrehe, die dort erlaubt, in Österreich jedoch verboten ist.

Tatsächlich gab es im Jahr 2011 bereits einen Fall, in dem der Oberste Gerichtshof im Zuge einer Scheidung auf eine Regelung aus der Scharia zurückgreifen musste. Es ging um ein Paar aus Saudi-Arabien, das in Medina geheiratet hatte und nach Wien gezogen war. Nur die Frau hatte sich hier einbürgern lassen. Am Scheitern der Ehe, aus der fünf Kinder hervorgegangen sind, waren beide Elternteile zu gleichen Teilen schuld. Noch bevor geklärt werden konnte, ob die Frau von ihrem früheren Partner Alimente erwarten konnte, war die Vorfrage zu klären, nach welchem Recht man sich richtet: dem österreichischen oder dem saudi-arabischen samt Scharia. Die sieht Unterhalt nämlich in solchen Fällen nur für eine sogenannte Wartezeit von drei Monaten vor.

Weil die letzte gemeinsame Staatsbürgerschaft die saudi-arabische war, hatten die österreichischen Gerichte das Recht Saudi-Arabiens anzuwenden. Allerdings mit einer wesentlichen Ausnahme: Verstößt solches ausländisches Recht fundamental gegen hiesige Vorstellungen von Recht, haben doch die österreichischen Gesetze Vorrang. Der Oberste Gerichtshof fand die Scharia-Regelung aber nicht so weit von unserem Recht entfernt, dass sich ihre Anwendung verböte: Immerhin gibt es auch in Österreich nach Scheidungen aus beidseitigem Verschulden Fälle, in denen gar kein oder nur ein befristeter Unterhalt fließt.

Wie hätte der Gerichtshof entschieden, hätte das neue Islamgesetz mit seinem vermeintlich sicheren Ausschluss des Scharia-Rechts bereits gegolten? Vermutlich genau gleich: Denn selbst der neue §2 lässt eine Berufung auf innerreligionsgesellschaftliche Regelungen zu, sofern das anzuwendende staatliche Recht diese Möglichkeit vorsieht. Und damit wären wir wieder bei jenen Aussagen der Scharia über den Unterhalt nach der Scheidung.

Im Ergebnis wirksamer waren die politischen Widerstände, die sich in den Nuller- und Anfang der Zehnerjahre gegen den Bau von Moscheen in Österreich regten. Theoretisch sind Räume und Bauten, in denen sich Anhänger einer Religion zum Gebet versammeln können, ganz klar ein Ausdruck der verfassungsrechtlich garantierten Religionsfreiheit. „Nichts ist so selbstverständlich, wie dass es zu einer Religionsgemeinschaft gehört, dass sie ihre sakralen Gebäude errichten kann", sagt Religionsrechtsexperte Potz. Er erinnert an die gar nicht allzu fernen Zeiten des Kalten

Krieges zwischen Ost und West, die mit der Öffnung des Eisernen Vorhangs 1989 zu Ende gegangen sind. Eines der vielen wiederkehrenden Themen der Auseinandersetzung war der Vorwurf an den kommunistischen Osten gewesen, er würde die öffentliche Religionsausübung und die Erhaltung und Sicherung von Kirchengebäuden verhindern.

„Rein juristisch ist ein Moscheebau das Unkomplizierteste, aber praktisch wird er verhindert, wo es nur geht." Die Sichtbarkeit des Islam anhand konfessioneller Bauten hält sich in Österreich denn auch in allerengsten Grenzen: Obwohl der Anteil der Muslime an der Bevölkerung bereits geschätzte acht Prozent ausmacht, steht im ganzen Land nur ein halbes Dutzend Moscheen mit – teils nur stilisierten und kaum sichtbaren – Minaretten. Dabei gibt es in Österreich, anders als in einem seiner Nachbarländer, kein Verbot der charakteristischen Türme: Die Schweiz hat nach einer Volksabstimmung im Jahr 2009 eine Verfassungsbestimmung erlassen, die rundheraus den Bau von Minaretten untersagt.

Symbolhaft wie das Minarett für den Islam stand die Auseinandersetzung um einen Bau in der Tiroler Gemeinde Telfs für den Minarettstreit in Österreich. Dort wurde 1998 eine Moschee errichtet, nach dem 1979 eröffneten Islamischen Zentrum Wien erst der zweite Moscheebau in Österreich überhaupt. Der türkisch-islamische Kulturverein „Atib" stellte im Jahr 2005 den Antrag, einen 20 Meter hohen Turm dazubauen zu dürfen. Rasch formierte sich Widerstand in der Bevölkerung; eine Bürgerinitiative warnte vor Verkehrsproblemen und Lärm – und dachte, es müsse verhindert werden, dass in dem Ort eine Pilgerstätte für Muslime entstehe. 2.500 Unterschriften gegen das Bauvorhaben wurden gesammelt.

Abgesehen davon, dass der Bürgermeister (ÖVP) persönlich gar keinen Einwand gegen den Bau hatte, sah er als Baubehörde erster Instanz rechtlich keine Möglichkeit, ihn zu verhindern. Er genehmigte die Errichtung des Minaretts – und musste wegen wütender Proteste bis hin zu Morddrohungen unter Polizeischutz genommen werden. Eine Entspannung brachte erst ein Kompromiss: Man baute den Turm im Jahr 2006 nur 15 Meter hoch, auf hörbare Rufe eines Muezzins wurde rechtsverbindlich und dauerhaft verzichtet. Mittlerweile hat sich die Aufregung um den gedrungenen Turm mit einer goldenen Mondsichel an der Spitze längst gelegt.

Die damaligen Vorfälle haben allerdings andere Bundesländer dazu veranlasst, gewissermaßen präventiv gegen Moscheen und Minarette vorzugehen. Vorarlberg, wo überdurchschnittlich viele Türken leben, und Kärnten, wo die Freiheitlichen und ihr Nachfolger BZÖ lange überdurchschnittlich viel zu sagen hatten, reformierten ihre Bauordnungen. Obwohl die Absicht offenkundig war, kamen die beiden M-Wörter in den Novellen nicht einmal vor. Zu groß war die Sorge, dass eine ausdrücklich auf islamische Gebäude gemünzte Regelung der Religionsfreiheit und damit der Verfassung widersprechen könnte. Stattdessen schrieben die neu gefassten Gesetze besondere Verfahren für Bauvorhaben vor, die in der Form von der örtlichen Baukultur abweichen, und überließen deren nähere Definition eigenen Verordnungen.

Das Ergebnis in Vorarlberg war, dass ein 2015 der Öffentlichkeit präsentiertes Moscheebauprojekt so konzipiert wurde, dass es ohne Minarett auskommt: Eine Stele mit Textpassagen aus dem Koran und aus der Bibel sollte nach den letzten Plänen mehr für den interreligiösen Dialog als für den Islam stehen, Platz für einen Muezzin war nicht vorgesehen. 2017, als die Moschee schon fast fertig war, verzögerte sich die Errichtung der Säule wegen Finanzierungsproblemen. In Kärnten, wo das Wort „Moscheen" 2011 in der Bauarchitekturverordnung neben „Kirchen, Burgen, Schlössern, größeren sakralen Bauten u. dgl." erstmals ins österreichische Landesrecht Eingang gefunden hat, löste sich das vermeintliche Problem des Moscheebaus aus ähnlichen Gründen wie in Vorarlberg überhaupt in Luft auf: Bisher ist landauf landab niemand zu sehen, der Geld und Pläne für einen Moscheebau hätte.

Gesetz gegen die Vollverschleierung

Real präsent, wenn auch bisher ebenfalls in nur wenigen Fällen, ist eine andere Form, in der Muslime – genauer: bestimmte muslimische Frauen – ihren Glauben artikulieren: die Vollverschleierung mit Burka oder Niqab, Kleidungsstücke, die nur die Augen mehr oder weniger freilassen. Als Teil des Integrationspakets haben SPÖ und ÖVP auch ein „Anti-Gesichtsverhüllungsgesetz" beschlossen, das am 1. Oktober 2017 in Kraft getreten ist. Ein „Symbol der Gegengesellschaft", wie Außen- und Integrationsminister Sebastian Kurz (ÖVP) es nannte, sollte damit bekämpft werden.

Die damalige Koalition nahm sich ein Beispiel an Frankreich, das im Jahr 2010 ein solches Verbot erlassen hatte: Nach ihm darf niemand in der Öffentlichkeit ein Kleidungsstück tragen, das dazu gedacht ist, das Gesicht zu verhüllen. Ausgenommen sind Verhüllungen, die gesetzlich vorgeschrieben oder erlaubt sind – beispielsweise Vollvisierhelme für Motorradfahrer –, die aus Gesundheits- oder beruflichen Gründen gerechtfertigt sind (Ärzte, Feuerwehr) oder die bei sportlichen Aktivitäten (Fechten), feierlichen Anlässen (Hochzeit?) oder künstlerischen oder traditionellen Veranstaltungen getragen werden.

Das österreichische Verhüllungsverbot sieht dem französischen zum Verwechseln ähnlich. Aus gutem Grund: Das französische Vorbild hat bereits einer Prüfung durch den „Europäischen Gerichtshof für Menschenrechte" standgehalten. Im Fall „S.A.S. gegen Frankreich" hatte sich eine 1990 in Pakistan geborene Französin darüber beschwert, die Burka nicht mehr tragen zu dürfen, obwohl sie dies wegen ihres sunnitischen Glaubens, ihrer Kultur und ihrer persönlichen Überzeugung tun wolle. Die Große Kammer des Straßburger Gerichtshofs bestätigte zwar, dass ein Eingriff in die Religionsfreiheit und das Privatleben vorläge; sie hielt ihn jedoch mit Rücksicht auf die Rechte anderer auf ein gemeinsames Zusammenleben für gerechtfertigt. Die freie Sicht auf das Gesicht wird damit als Grundvoraussetzung der menschlichen Kommunikation geschützt.

Dieses Urteil des Europäischen Menschenrechtsgerichtshofs vom 1. Juli 2014 hat sogleich auch in Österreich zu einer politischen Debatte über ein Burkaverbot geführt. Die FPÖ sprach von „beweglichen Frauengefängnissen" und forderte noch im selben Monat im Parlament ein Verbot nach französischem Vorbild. Sie fand damit aber kein Gehör bei den anderen Fraktionen. Mittlerweile ist es auch in Österreich grundsätzlich verboten, sich vollverschleiert in der Öffentlichkeit zu zeigen. Das gilt auch für Touristinnen aus sehr traditionellen islamischen Ländern. Ihnen kann – auch mit einer anonymen Organstrafverfügung eines Polizisten – eine Geldstrafe von bis zu 150 Euro verhängt werden. Weigert sich eine Betroffene, zu zahlen und den Schleier zu lüften, kann sie festgenommen werden.

Auch wenn das Anti-Gesichtsverhüllungsgesetz mit keinem Wort auf den Islam Bezug nimmt: Diese Form, den Glauben öffentlich zur Schau zu tragen, gehört nach dem Willen des Gesetzgebers nicht zu Österreich.

12.

Islam und Medien
Viel beachtet, oft falsch dargestellt

Anna-Maria Wallner

Probieren Sie es aus. Geben Sie in der Suchmaschine Ihres Vertrauens die Stichworte „Islam" und „Medien" ein, gehen Sie auf „Bildersuche" und betrachten Sie die Ergebnisse. Sie werden vermutlich als Erstes auf die Titelblätter großer deutschsprachiger Medien stoßen, mit Schlagzeilen wie „Die dunkle Seite des Islam" („Focus", 2014), „Wie gefährlich ist der Islam?" („Stern", 2014), „Unheimliche Gäste – Die Gegenwelt der Muslime in Deutschland" („Focus", 2004) oder „Mekka Deutschland – Die stille Islamisierung" („Spiegel", 2007).

Geschichten wie diese werden häufig mit vollverschleierten Frauen, schwarz gewandeten, schwer bewaffneten Männern oder goldenen Schriftzeichen aus dem Koran bebildert. Das kurze Fazit über die Islam-Berichterstattung deutschsprachiger, aber auch österreichischer Medien lautet: Über den Islam wird berichtet, sogar häufig und ausführlich, mitunter auch differenziert. Aber die Darstellung dieser Weltreligion und ihrer Glaubensgemeinschaft ist tendenziell einseitig und negativ. Vor allem was die Bilder anbelangt. Diese sind oft klischeehaft, spielen mit Stereotypen wie der kopftuchtragenden Frau, die ihre Einkäufe in Plastiksäcken von einem Markt nach Hause trägt. Oder es werden Männer in einem Gebetsraum gezeigt, die ihr Gesäß gen Himmel recken. In Österreich sorgte im Jänner 2015 eine Titelgeschichte im Profil für Diskussionen. Nur wenige Tage nach dem Terroranschlag auf die Satirezeitschrift Charlie Hebdo in Paris, bei dem zwölf Menschen ums Leben gekommen waren, zeigte das Nachrichtenmagazin das unscharfe Bild von zwei Terroristen, die gerade auf eines ihrer Opfer zielen. Die Schlagzeile dazu: „Was den Islam gefährlich macht." Kritiker störten sich daran, dass der Islam damit unzulässig verallgemeinert werde und gleichsam alle Muslime zu Terroristen erklärt würden. ORF-Moderator Armin Wolf twitterte am 10. Jänner 2015: „Seltsam. Nach den NSU-Morden hat Profil nicht getitelt: ‚Was Deutschland gefährlich macht.'"

Unterschiede zwischen Islam und Islamismus verwischen

Dass die Berichterstattung über den Islam in österreichischen Medien überwiegend negativ ist, das hat auch die vom „Österreichischen Integrationsfonds" 2012 veröffentlichte Studie „Der Islam in den Medien" festgestellt. Studienautor Peter

Hajek analysierte in einem Zeitraum von drei Monaten im Herbst 2011 Artikel mit dem Stichwort Islam aus „Kronen Zeitung", „Kurier", „Österreich", „Presse" und „Standard" – und kam zum Ergebnis, dass diese zu 40 Prozent negativ, zu 30 Prozent neutral und zu 25 Prozent positiv ausgefallen waren. Boulevardmedien würden „schon fast selbstverständlich polemisieren", aber auch Qualitätsmedien „häufig kritisch" über den Islam berichten, hieß es in der Studie. 2015 bekräftigte Hajek gegenüber der Medien-Servicestelle (MSNÖ) in einer Nachbetrachtung, dass sich an diesen Ergebnissen wenig geändert habe. Ein überwiegender Teil der Artikel handle von Islamisten und Anschlägen, islamischen Predigern, dem Bau von Moscheen oder islamischen Kindergärten. Dabei würden Medien und Akteure in den Artikeln oft „bewusst oder unbewusst" die Unterschiede zwischen Islam und Islamismus verwischen. An Berichten, die die Welt des Islam näherbringen und erklären, mangle es. Wobei sie im Boulevard gänzlich unterbleiben, in Qualitätsmedien in der Unterzahl sind.

Ein Detail von Hajeks Studie ist bemerkenswert: Den Großteil ihrer Inhalte greifen die Zeitungen selbst auf, der Anteil an eigeninitiierter Berichterstattung ist also sehr hoch. Das hat vor allem damit zu tun, dass dem Islam im Gegensatz zu christlichen Religionen ein institutionelles Oberhaupt, wie etwa der Papst, fehlt, das Themen vorgibt. Nur selten schaffen es groß organisierte, positive Initiativen in die Massenmedien, wie etwa der Friedensmarsch von 60 europäischen Imamen, der Anfang Juli 2017 durch Europa und an die Orte der jüngsten Anschläge, von Berlin und Brüssel nach London, Toulouse und Nizza, führte. Wenn es positive Berichte über den Islam gibt, dann sind es meist solche über funktionierende interreligiöse Projekte oder außergewöhnliche Verbindungen, etwa die Freundschaft zwischen Schlomo

Hofmeister, dem Gemeinderabbiner in Wien, und Ramazan Demir, einem Imam der Islamischen Glaubensgemeinschaft.

Viel Erfahrung mit Religionsberichterstattung hat Rudolf Mitlöhner, Chefredakteur der österreichischen Wochenzeitung „Die Furche". Er bestätigt, dass der Islam in seiner Zeitung „sehr präsent" ist und „im Vergleich zu anderen Religionen eine relativ große Rolle spielt". Zwei Seiten pro Ausgabe widmen sich „Religion" im engeren Sinn, dazu kommen zusätzlich regelmäßig Titelgeschichten oder Kommentare, die sich mit Religion oder Spiritualität befassen, sowie die Kolumne „Glaubensfragen", die abwechselnd von einem katholischen, einem protestantischen, einem muslimischen und einem jüdischen Vertreter verfasst wird. Mitlöhner fällt auf, dass katholische Debatten, etwa über das Zölibat oder die Rolle der Frau in der Kirche, in den vergangenen Jahren zurückgegangen sind, was auch mit dem aktuellen, liberaleren Papst Franziskus zu tun habe. „Diese Themen brennen den Lesern weniger stark unter den Nägeln als die ungelösten Fragen mit Flüchtlingen oder muslimischen Communitys." Generell beobachtet er, dass die Themen Religion und Spiritualität gerade nicht Konjunktur haben. Aber der Islam polarisiere. „Wie du es machst, hast du auf jeden Fall Leser, denen es nicht passt. Entweder wir sind zu islamkritisch oder -freundlich. Nicht selten in ein und demselben Text."

„Das Feindbild ist erstaunlich stabil"

Der Islam interessiert die Medien also. Und zwar mehr, als man im ersten Moment annehmen würde. Eine Auswertung von 19 deutschen Meinungsführermedien durch das Forschungsinstitut „Media Tenor International" hat Ende 2016 ergeben, dass über Muslime 14 Mal mehr berichtet wird als über Christen. So kamen im Zeitraum 2014 bis 2016 in Fernsehen, Hörfunk und Printmedien auf einen Bericht über die evangelische Kirche drei über die katholische und 14 über islamische Organisationen und Muslime. Nur hat der Islam gerade in jüngerer Zeit meist „eine schlechte Presse", wie „Die Zeit" im Februar 2017 feststellte. Dazu beigetragen haben die zunehmenden terroristischen Gewalttaten von radikalen Islamisten im vergangenen Jahrzehnt sowie die Ausbreitung der Terrormiliz „Islamischer Staat". Und zuletzt natürlich die anhaltende Flüchtlingswelle und schärfer geführte Debatten über Zuwanderung in der Politik. Kai Hafez, Autor des „Zeit"-Textes und deutscher Medienwissenschaftler an der Universität Erfurt, sieht im Verhalten der Medien generell eine „tiefe strukturelle Bereitschaft", das Trennende vor das Verbindende zu stellen. Das habe, wenig überraschend, mit der Geschichte des islamischen Raums und Europas zu tun, die gerne außer Acht gelassen werde. „Das waren jahrtausendelang zwei hegemoniale Räume, die sich in Konkurrenz befanden." Diese traditionell geprägte Negativwahrnehmung sei noch immer da, „das Feindbild ist erstaunlich stabil". Zudem sei dem Westen der Islam eben auch räumlich näher. „Interessanterweise ist unser Bild von ferneren Weltreligionen wie dem Buddhismus und dem Hinduismus viel positiver, obwohl es bei diesen ebenso problematische Tendenzen gibt. Der Unterschied besteht darin, dass es keine direkte Konfrontationsgeschichte mit diesen Religionen gegeben hat", sagt Hafez. Der Medienexperte betont, dass nicht nur die Medien allein verantwortlich seien, auch die Wissenschaft sei in diesen Themen nicht immer besser aufgestellt. Die Lebensrealität von weltweit rund 1,8 Milliarden Muslimen werde selten differenziert dargestellt. „Nur Menschen, die in der islamischen Welt leben oder sich bewegen, wissen, es gibt auch Paradoxien und Schattierungen unter Muslimen."

Für Hafez ist trotzdem gerade einiges in Bewegung, im Guten wie im Schlechten. So sei die Bereitschaft in Medienhäusern gestiegen, sich differenziert mit dem Thema auseinanderzusetzen. „Das Thema Islam ist in zentralen, liberalen Medien präsent – und es gibt dort eine Sensibilität für Schieflagen. Das Problem ist nur, dass die vorhandene Sensibilität durch das tägliche konfliktorientierte Berichten oft wieder aus den Augen verloren wird." Und während auf der einen Seite die Bereitschaft zur Auseinandersetzung wachse, erreiche die Ablehnung gegen den Islam dank populistischer Strömungen wie der AfD oder Pegida einen neuen Höhepunkt. Dazu kommt, dass sich Magazine mit islamkritischen oder zumindest -skeptischen Titelblättern gut verkaufen. Das politfeuilletonistische Magazin „Cicero" brachte im Juli 2014 die Schlagzeile „Ist der Islam böse?" und zeigte dazu eine gezeichnete hellblaue Burka. Hinter dem Sichtfenster für die Augen war eine weiße Taube zu sehen, ein Symbol für den eingesperrten Frieden. Die Ausgabe war die bestverkaufte in zehn Jahren.

Solchen einseitigen, klischeehaften Darstellungen von Muslimen versucht die junge Wiener Fotografin Asma Aiad etwas entgegenzusetzen. Gemeinsam mit Amani Abuzahra und Amena Shakir hat sie vor einiger Zeit das Projekt „Österreichs Musliminnen" umgesetzt. Mit 35 Porträts und Lebensgeschichten von muslimischen Frauen wollten sie einerseits das starre Bild der Muslimin in Frage stellen und den porträtierten Frauen andererseits die Möglichkeit geben, sich selbst darzustellen. „Ich möchte Musliminnen eine Bühne geben", sagt Aiad. „Ich frage sie also bewusst: ‚Wie wollt ihr euch darstellen?' – und stelle dabei immer wieder fest, wie verschieden dieses ‚Wir' ist." Auf einem dieser Fotos sieht man zum Beispiel eine junge Muslimin in farbenprächtiger Kleidung mit buntem Kopftuch selbstbewusst lachend ein Gokart lenken. Was Aiad besonders freut: Ihr Bild zierte im März 2017 die Titelseite der „Wiener Zeitung", das auf einen Text über Feminismus im Islam im Blattinneren hinwies. Generell hat Aiad, ähnlich wie der Medienwissenschaftler Hafez, den Eindruck, dass sich deutlich mehr Journalisten bewusst mit Thema und Bildsprache rund um den Islam auseinandersetzen als früher. Dass dennoch immer wieder abgedroschene Bilder verwendet werden, sei „selten böse gemeint", sagt sie. „Es geht einfach darum, dass man mitdenkt, wie bebildert wird. Aber das hat ganz viel mit der Zeit und dem Bewusstsein der einzelnen Journalisten zu tun." Statt die kopftuchtragende Frau auf dem Brunnenmarkt zu zeigen, könne man zur Abwechslung junge Frauen im Schwimmbad oder in einer Shisha-Bar zeigen. Was Redaktionen guttue, glaubt Aiad, seien Menschen, die sich mit dem Thema auseinandersetzen oder selbst einen muslimischen Hintergrund haben. „Deswegen sollten mehr Menschen mit diversem Hintergrund in Medien arbeiten." Auch wenn sich hier gerade im vergangenen Jahrzehnt schon einiges getan hat, in vielen Redaktionen und auch im ORF und bei den Privatsendern Mitarbeiter mit türkischen, serbokroatischen oder ägyptischen Wurzeln arbeiten, müsse da noch viel passieren.

„Generation Haram": Lob statt Shitstorm

Auf die Zwischentöne und den Umgang mit den Protagonisten einer Geschichte kommt es an. Das zeigt auch der prämierte Text „Generation Haram", der 2016 im Wiener

Stadtmagazin „biber" erschienen war. Autorin Melisa Erkurt behandelte darin radikale Tendenzen unter muslimischen Jugendlichen in Wien. Sie sprach über den Zeitraum von mehreren Wochen mit insgesamt 120 Jugendlichen zwischen 14 und 19 Jahren, ließ sich aus ihren WhatsApp-Konversationen vorlesen und hörte sich an, wo sich die Jugendlichen ihre „Das-ist-haram"-Rufe abgeschaut hatten. (Das arabische Adjektiv „haram" beschreibt all das, was laut der Scharia verboten ist.) Die Journalistin erzählte später, sie habe sich im Vorfeld der Veröffentlichung schon auf einen Shitstorm aus der muslimischen Gemeinschaft eingestellt. Und war dann durchaus überrascht, dass sie statt Schelte fast ausschließlich Lob für den Text bekommen hatte. Sie führte das darauf zurück, dass sie selbst Muslima ist. Das sei allerdings nicht fair. Auch nicht muslimische Journalisten sollten bei Kritik am Islam nicht automatisch als islamophob dargestellt werden, meint sie.

Für Asma Aiad existieren jedenfalls zwei parallele Medienwelten, die kaum Berührungspunkte haben. Da die klassischen Medien, dort die Blogs und Facebookseiten von muslimischen Künstlern, Fotografen oder Bloggern. Auf dem Multikulti-Blog „Hotel Mama" oder der Seite der deutschen Studentin und Bloggerin Esim Karakuyu, die selbst Kopftuch trägt, stellen sich Musliminnen sehr selbstbewusst dar und schreiben über verschiedenste Themen abseits der Religion. Das fortschrittliche, moderne Bild von Muslimen, das dort präsentiert wird, findet aber noch kaum bis gar nicht den Weg in die Massenmedien.

Kai Hafez sagt, Medien müssten genauer hinsehen, die Gesellschaft „alte Feindbilder in den Griff bekommen". Das brauche natürlich Zeit, sei aber eigentlich kein Kraftakt. Es genüge schon, öfter die Gemeinsamkeiten zwischen dem

Christentum und dem Islam hervorzuheben. Dass der Islam Anleihen aus den beiden monotheistischen Religionen des Judentums und des Christentums genommen hat, sich auf die gleichen Vorfahren bezieht oder dass Jesus im Islam eine Prophetenstellung hat, „50 Prozent der Menschen da draußen wissen das einfach nicht". Das zu ändern, wäre schon einmal ein Anfang.

13.

Islam und Bundesheer

Freitagsgebet in Uniform

Iris Bonavida

Nuri Ozan steckt noch mitten in den Vorbereitungen: Die Gebetsteppiche müssen erst besorgt werden. Ein eigener Raum für die Gläubigen in Salzburg wird auch gesucht – im Idealfall sollen zwischen 30 und 40 Menschen darin beten können. Und dann muss der islamische Religionslehrer noch seinen Stundenplan umstellen: Ab September 2017 wird er freitags nicht mehr an Schulen unterrichten. Dieser Wochentag ist für das gemeinsame Gebet mit den Soldaten reserviert.

Seit 1. Jänner 2017 ist Ozan als Militärimam für den Westen Österreichs zuständig. Die Funktion ist neu beim österreichischen Bundesheer, daher muss er die Strukturen für seine Arbeit erst aufbauen. In Kärnten, Vorarlberg, Salzburg und Tirol steht der Imam den Soldaten als Seelsorger zur Verfügung und bietet Sprechstunden an. Für Grundwehrdiener hält er Lebenskundeunterricht ab. Außerdem berät er Kommandanten in religiösen Fragen. Für Ozan selbst ist es aber auch eine der wichtigsten Aufgaben, Vorurteile seiner Religion gegenüber abzubauen. „Da gibt es noch viel zu tun", sagt er.

Sein Kollege im Osten, Abdulmedzid Sijamhodzic, hat hingegen einen Startvorteil. Er wurde bereits im Juni 2015 zum Militärimam ernannt. Wobei „bereits" relativ ist: Eine katholische, evangelische und orthodoxe Seelsorge für die Soldaten gibt es schon seit 1956. Damals beschloss der Ministerrat die Einrichtung dieser Ansprechpersonen im Bundesheer. Aber erst knapp 60 Jahre später erhielten auch islamische Soldaten einen Vertreter. Möglich gemacht wurde dies durch das Islamgesetz: Dort ist das Recht von Muslimen auf religiöse Betreuung in Einrichtungen wie Justizanstalten, Krankenhäusern – und eben auch dem Bundesheer – verankert. Einen ersten islamischen Gebetsraum gibt es im Bundesheer aber immerhin schon etwas länger: Seit 2004 können Muslime in der Maria-Theresien-Kaserne in Wien auf rund 40 Quadratmetern beten. In Zukunft, so wünscht sich es Imam Ozan, soll es in jeder größeren Kaserne in Österreich einen solchen Raum geben.

Wie viele Soldaten mit islamischem Glaubensbekenntnis es in der Truppe gibt, lässt sich allerdings nicht genau beantworten. Das Verteidigungsministerium fragt zwar regelmäßig das Religionsbekenntnis des Personals ab, aber erfolgt die Angabe nur auf freiwilliger Basis. Außerdem variierte die Fragestellung, wodurch sich die Daten nicht exakt vergleichen lassen: Bei manchen Umfragen können Soldaten ihre

Religionszugehörigkeit in einem Feld frei angeben, andere Male werden nur bestimmte Religionen abgefragt. Die bestehenden Daten können also nur einen Richtwert bieten. Außerdem sollte man den Gesamtpersonalstand im Hinterkopf behalten – viele Soldaten nehmen an den Umfragen gar nicht teil. Durchschnittlich leisten immerhin zwischen 6.000 und 10.000 Grundwehrdiener gleichzeitig ihren Dienst beim Heer ab, wobei es auch geburtenstärkere Jahrgänge gibt. Im Juni 2017 waren es jedenfalls 7.124 Menschen. Berufs- und Zeitsoldaten gab es zu diesem Zeitpunkt 13.199.

Muslime bei der Garde als Repräsentanten

Im Juli 2016 gaben knapp 600 Grundwehrdiener an, muslimisch zu sein. In der Truppe waren es, gemeinsam mit dem Kaderpersonal, 696. Zum Vergleich: Katholisch waren laut eigenen Angaben 5.421 Wehrpflichtige, insgesamt mit Kader wiederum 17.425 Soldaten. Auch in den Jahren davor ist der Schnitt ungefähr gleich: 2015 waren 670 Grundwehrdiener muslimisch (766 gesamt). 2014 gaben dies 619 Wehrpflichtige an (717 mit Kader) und im Jahr 2011 immerhin 732 Grundwehrdiener (bzw. 825 in der Truppe allgemein). Die Anzahl der Katholiken schwankte immer zwischen 7.500 und 10.300 (bei Grundwehrdienern) sowie 19.000 und 25.000 insgesamt. Einen auffälligen Zuwachs an muslimischen Soldaten gibt es dementsprechend nicht.

Allerdings gibt es einen Trend, was den Dienstort betrifft: Die meisten muslimischen Soldaten findet man nämlich in der Maria-Theresien-Kaserne in Wien. Wegen des Gebetsraums, aber nicht nur: An dem Standort ist auch die Garde stationiert – also jener militärische Verband, der die Republik zum Beispiel bei Staatsbesuchen repräsentieren soll. Hier leisten besonders viele Rekruten muslimischen Glaubens ihren Dienst ab. Warum das so ist? Letztendlich beantworten kann das auch Stefan Kirchebner, Kommandant der Garde, nicht. Es sei wohl ein Zusammenspiel vieler Faktoren. „In Wien sind wir so gut wie der einzige Truppenkörper, der Soldaten ausbildet." Wehrpflichtige erhalten bei der Garde ihre Grundausbildung. Dadurch werden Muslime, die vielfach in der Hauptstadt wohnen, zwangsläufig hergeschickt. Aber auch nach dem Grundwehrdienst entscheiden sich einige von ihnen, hierzubleiben. „Das hängt schon auch mit den guten Rahmenbedingungen zusammen", sagt Kirchebner. Neben dem Gebetsraum gebe es beispielsweise auch die Möglichkeit, den Speiseplan an die religiösen Richtlinien anzupassen. „Das alles ist für unseren täglichen Betrieb schon lange kein Thema mehr." Man sei daran gewöhnt, Soldaten unterschiedlichen Glaubens unter einem Dach zu haben. „Es ist alles im Detail geregelt und daran halten wir uns einfach."

Was Kirchebner damit meint: Ein sogenanntes Verlautbarungsblatt des Bundesheeres gibt die Rechte und Pflichten von Soldaten einer religiösen Minderheit ganz genau vor. Es ist sozusagen ein Befehl, und damit kennt man sich in der Truppe aus. Orthodoxe Juden und Sikhs werden ebenso berücksichtigt wie Menschen mit islamischem Glaubensbekenntnis. In dem Papier wird zusätzlich zwischen nicht strenggläubigen, strenggläubigen und besonders strenggläubigen Muslimen unterschieden (auch wenn nicht jeder mit dieser Begriffsbezeichnung einverstanden ist). Mahlzeiten ohne Schweinefleisch beziehungsweise solche, die halal sind, stehen allen Muslimen zu. Zusätzliche Rechte haben hingegen die beiden letzteren Gruppen: Um als (besonders) strenggläubig behandelt zu werden, müssen sich Betroffene eine Bescheinigung von der Islamischen Glaubensgemeinschaft ausstellen lassen. Im Sommer 2016 war dies bei 32 Personen der Fall. Sie werden dann zum Beispiel vorwiegend als Funktionssoldaten eingesetzt. Nach ihrer Grundausbildung gehen diese Wehrpflichtigen also eher organisatorischen Tätigkeiten nach, arbeiten als Fahrer oder in der Küche. Prinzipiell stehen ihnen auch andere Aufgaben frei. Diese Regelung soll es allerdings erleichtern, den Dienst mit den religiösen Pflichten zu vereinbaren. Gläubigen Muslimen steht zu, fünf Mal am Tag beten zu können – sofern nicht eine wichtige Übung oder ein Einsatz dazwischenkommt. Auch für das Freitagsgebet werden die Soldaten vom Dienst freigestellt. Muslimische Feiertage (das Opferfest, aber auch die Beendigung des Fastenmonats Ramadan) werden ebenfalls berücksichtigt. Im Gegenzug werden Muslime bei christlichen Feiertagen oder an Sonntagen vorwiegend zu Diensten eingeteilt.

Jene Menschen, die laut Islamischer Glaubensgemeinschaft als „besonders strenggläubig" gelten, dürfen sich außerdem einen Bart wachsen lassen. Die Rasurpflicht wurde im Heer aber auch abseits religiöser Gründe aufgeweicht: Seit Juni 2016 sind sämtlichen Uniformierten „Voll-, Oberlippen-, Kinn- und Backenbärte" erlaubt, sofern sie „gestutzt und gepflegt" sind, wie es in dem Erlass heißt. Nur bei Einsätzen, bei denen die Behaarung stören könnte – zum Beispiel wenn Soldaten spezielle Schutzmasken tragen müssen –, ist eine Rasur weiterhin Pflicht. Die Rasurpflicht betrifft übrigens auch die Ehrenformation der Garde: „Es braucht eben ein einheitliches Gesamterscheinungsbild", sagt Kommandant Kirchebner. „Ich kann die Soldaten nicht so ausbilden, dass sie sich auf die Zehntelsekunde genau gemeinsam bewegen

– und dann haben manche einen Bart." Das sei auch international nicht üblich.

Apropos unüblich: „Es ist ein österreichisches Phänomen, dass die Religion nicht vor der Kasernentür haltmacht", meint Kirchebner. „In anderen Armeen werden Armee und Glauben viel strikter getrennt." Hier sei es eben strukturell gewachsen: „Schon zur k.-u.-k.-Zeit gab es Feldpriester." In der Praxis sei der Glaube aber gar kein so großes Thema, wie es von außen erscheinen könnte. Abgesehen davon, dass nur ein kleiner Teil der Soldaten seinen Glauben streng praktizieren würde, „ist es andernfalls auch nicht so, dass diese Personen von einem Gebet zum nächsten huschen". Ob dafür Neid bei den anderen Uniformierten aufkommen würde, wenn manche Soldaten zu gewissen Zeiten vom Dienst freigestellt sind? „Nein, das hat sich eingependelt", sagt Kirchebner. „Spätestens wenn die Personen dann zu Sonn- und Feiertagsdiensten eingeteilt werden, ist es ohnehin ausgeglichen." Ob und wie jemand seine Religion ausübe, sei jedem selbst überlassen. Nachsatz: „Sofern es der Einsatz eben erlaubt." Ausgenutzt würden die Rechte von Strenggläubigen jedenfalls nicht.

Grundwehrdienst als Spiegel der Gesellschaft

Ist das Bundesheer also möglicherweise auch eine Chance, gesellschaftliche und religiöse Gruppen einander näherzubringen? Kirchebner selbst glaubt schon. „Durch den Grundwehrdienst ist das Heer ein Spiegel der Gesellschaft." Nur dass diese Gesellschaft für einen gewissen Zeitraum in der

Kaserne auf engem Raum zusammenarbeiten muss. „Für mich ist der größte Integrationsfaktor, wenn man überhaupt davon sprechen kann, dass alle gleichbehandelt werden", sagt der Kommandant. „Die Wehrpflichtigen rücken am ersten Tag ein und müssen die gleichen Arbeiten erfüllen und die gleiche Uniform tragen. Das vereint." Spannungen und Vorurteile gebe es da und dort zwar auch, aber das sei kein spezielles Phänomen des Bundesheeres. „Das gibt es überall", so Kirchebner. Nebenbei: Muslimische Soldaten, die in einigen Fällen auch Migrationshintergrund haben, seien ein Gewinn für die Truppe: Während der Flüchtlingskrise habe man beispielsweise die Sprachkenntnisse nutzen können, man komme eben schneller mit den Menschen in Kontakt. „Mentalitätshürden werden leichter übersprungen", sagt Kirchebner.

Neben Chancen gibt es allerdings auch Gefahren: Schließlich bildet das Heer junge Männer und Frauen an der Waffe aus. Das Bundesheer muss sich also auch mit dem Problem radikaler Tendenzen (nicht nur, aber auch was den Islamismus betrifft) befassen. Junge Österreicher werden also schon vor ihrem Dienstantritt beim Heer durchleuchtet. „Wenn jemand in der Vergangenheit gewalttätig war oder der Verdacht auf radikale Tendenzen besteht, erhält er gar keinen Einberufungsbefehl", heißt es aus dem Bundesheer. Vereinzelt würden auf diese Weise schon Gefahrenquellen im Heer vermieden. Zusätzlich sind in jedem Bataillon zwei sogenannte S2-Stabsoffiziere eingesetzt. Ihre Aufgabe ist es, potenzielle radikale Tendenzen zu entdecken und im Notfall auch einzugreifen.

Auch Militärimam Ozan hat sich schon mit dem dafür Verantwortlichen im Bundesheer getroffen. In seinen Ansprachen will er zeigen, dass seine Religion mit radikalen

Tendenzen nicht zusammenpasst: „Laut Islam sind wir zu drei Sachen verpflichtet: Gerechtigkeit, Frieden und Sicherheit." In Österreich gebe es alle drei Dinge, das solle auch so bleiben. „Ich sage allen Soldaten: Erfüllen Sie Ihre Arbeit, verstoßen Sie nicht gegen das Gesetz."

14.

Islam und Justiz
Muslime hinter Gittern

Manfred Seeh

Österreich hat 27 Gefängnisse. Dazu kommen 13 sogenannte Außenstellen. Das sind quasi Filialen von bestimmten Haftanstalten. Ungefähr 9.000 Personen sitzen landesweit hinter Gittern. Eher mehr. Diese Zahl ist seit Jahren relativ konstant. Und das ist nicht gut. Denn einige Anstalten sind chronisch überfüllt. Das größte Gefängnis Österreichs ist ein typisches Beispiel. Es liegt erstaunlicherweise im dicht bebauten, innerstädtischen Gebiet: das Gefangenenhaus Wien-Josefstadt. Der wuchtige Komplex ist für maximal 921 Insassen gedacht. Tatsächlich sind zeitweise mehr als 1.200 Menschen mitten im achten Wiener Gemeindebezirk eingesperrt.

Ramazan Demir kennt diese Anstalt, vulgo: „die Josefstadt", ziemlich gut. Er ist Gefängnisseelsorger. Nicht irgendeiner. Er ist der Leiter der Islamischen Gefängnisseelsorge in Österreich. Nebenbei bemerkt: Der 31-jährige Religionspädagoge, ein Mann, der gerne lacht, könnte mit seiner gewinnenden Art geradezu als Role Model auftreten, nämlich als das weltoffene, freundliche Gesicht des Islam in Österreich. Doch wenn er an die personelle und finanzielle Situation der islamischen Gefängnisseelsorge denkt, vergeht ihm das Lachen.

Zweitgrößte Gruppe in Gefängnissen

Um das zu verstehen, muss man einige Zahlen kennen. Von den eingangs erwähnten rund 9.000 Gefängnisinsassen sind 65 Prozent in Strafhaft, 22 Prozent in U-Haft, zehn Prozent sind in geschlossenen psychiatrischen Abteilungen untergebracht, der kleine Rest betrifft seltene Sonderformen der Haft. Gliedert man alle Insassen nach Religionsbekenntnissen, zeigt sich: Etwa 3.800 sind römisch-katholischen Glaubens, doch schon die zweitgrößte Gruppe ist die der Muslime. Mit Stichtag 1. Juni 2017 saßen 2.244 Menschen muslimischen Glaubens in Österreich ein. Der gesamte Häftlingsstand an diesem Tag: 9.047 (die drittstärkste Gruppe ist übrigens die ohne Bekenntnis: 932). Somit sind 25 Prozent aller Gefängnisinsassen Muslime. Zum Vergleich: Laut der jüngsten Schätzung des Österreichischen Integrationsfonds leben in Österreich um die 700.000 Muslime, das sind ungefähr acht Prozent der Bevölkerung.

Der Anteil der Muslime hinter Gittern ist also unverhältnismäßig hoch. Das hat mehrere Gründe. So führen etwa schlechte wirtschaftliche Verhältnisse bestimmter Zuwanderer aus muslimischen Ländern zur Begehung von Eigentumsdelikten, zum Beispiel Einbruch oder Diebstahl und/oder zur Begehung von Suchtmitteldelikten wie etwa Drogenhandel. Ein Teil der Personen, die aus (ehemals) Krieg führenden muslimischen Ländern nach Österreich geflohen oder eingewandert sind, neigt zu Gewalt. Ferner spielen in diesem Kriminalitätsbereich auch türkische und damit großteils muslimische Staatsangehörige eine Rolle. So heißt es im Sicherheitsbericht des Justizministeriums für das Jahr 2015: „Von den Ausländern wurden am häufigsten türkische Staatsangehörige wegen Delikten gegen Leib und Leben verurteilt." Im Berichtsjahr waren es 4,1 Prozent – bezogen auf diese Deliktskategorie (Ausländer insgesamt: 30,4; Inländer 69,6). Problematisch ist auch die Gruppe derer, die wegen Terrorismus-Tatbeständen, meist wegen Mitgliedschaft in der Terrormiliz „Islamischer Staat" (IS), vor Gericht landen.

Bei genereller Betrachtung lassen sich allerdings keine Deliktskategorien herausfiltern, die typischerweise von Menschen muslimischen Glaubens begangen werden. Dazu gibt es eine bemerkenswerte Auswertung des Justizressorts: Die nach Begehungshäufigkeit vorgenommene Reihung der von allen Strafgefangenen verwirklichten Delikte entspricht genau jener Liste, die nur für muslimische Täter gilt. Das heißt konkret: Sowohl bei der gesamten Haftpopulation als auch bei den ausschließlich muslimischen Delinquenten stehen Delikte gegen fremdes Vermögen an erster Stelle. Es folgen Verstöße gegen das Suchtmittelgesetz. An dritter Stelle steht eine Mischung aus Straftaten, die nicht in eine Schublade passen, an vierter Stelle strafbare Handlungen gegen Leib und Leben, Rang fünf nehmen Sexualstraftaten ein.

Zurück zu Ramazan Demir (er ist übrigens auch Organisator der Anti-Terrorismus-Unterschriftenaktion von 300 Imamen der „Islamischen Glaubensgemeinschaft in Österreich"). Als Gefängnisseelsorger achtet er vor allem auf jene Gefangenen, die von radikal-islamistischen Mithäftlingen „infiziert" werden könnten. „Wir versuchen, Deradikalisierungs- und Aufklärungsarbeit zu leisten." Soll heißen: Seelsorge kann auch eine Form von Prävention sein. Für sämtliche inhaftierten Muslime gibt es derzeit einen (einzigen) hauptberuflichen, von der IGGiÖ finanzierten Gefängnisseelsorger. Dieser ist im oben beschriebenen Gefangenenhaus Wien-Josefstadt für circa 400 muslimische Gefangene tätig. „Wir wünschen uns sieben staatlich finanzierte Planstellen", rechnet Demir vor. Aber: „Ich bin mit jedem Einzelnen zufrieden, den wir bekommen." Bei den Katholiken funktioniere es ja auch. Für Angehörige dieser Religionsgruppe gebe es sehr wohl staatlich finanzierte Gefängnisseelsorger. Für Muslime sind derzeit 33 ehrenamtliche Seelsorger in den 27 Justizanstalten und ihren Außenstellen tätig. Die Gefängnisse verfügen in der Regel über kleine Gebetsräume. Nur drei größere Anstalten haben eigene Moscheen. Aufwendig gestaltet oder gar prunkvoll darf man sich die freilich nicht vorstellen.

Warum es bei der spirituellen Betreuung eng wird, ist leicht erklärt: Ehrenamtliche Seelsorger sind berufstätig. Einige sind Religionslehrer. Sie können sich also nur in ihrer Freizeit um Gefangene kümmern. Nur ein paar Stunden wöchentlich. Oder gar – etwa in Innsbruck – nur ein paar Stunden im Monat. Insgesamt zahlt der Staat laut Vereinbarung zwischen dem Justizressort und der IGGiÖ jährlich pauschal 20.300 Euro, die als Aufwandsentschädigung unter allen Seelsorgern aufgeteilt werden.

Das Recht auf Religionsausübung hinter Gefängnismauern und Stacheldraht ist kein Entgegenkommen. Es ist im Strafvollzugsgesetz (§ 85) festgeschrieben. „Jeder Strafgefangene hat das Recht, in der Anstalt am gemeinschaftlichen Gottesdienst und an anderen gemeinsamen religiösen Veranstaltungen teilzunehmen und Heilsmittel sowie den Zuspruch eines an der Anstalt bestellten oder zugelassenen Seelsorgers zu empfangen." Ebendort heißt es aber auch: „Der Anstaltsleiter kann aus Gründen der Sicherheit und Ordnung nach Anhörung des Seelsorgers Strafgefangene von der Teilnahme am Gottesdienst und an anderen Veranstaltungen ausschließen." Einzelbetreuung für Muslime ist angesichts der dünnen Personaldecke nur in geringem Ausmaß möglich. Doch gerade diese intime Form der Seelsorge ist wichtig. Viele Gefangene vertrauen sich nur unter vier Augen einem Seelsorger an. „In Einzelgesprächen kann man Leben retten", weiß Demir und spielt damit auf die manchmal von Eingesperrten abgegebenen Suizidankündigungen an.

Die größte gesellschaftliche Gefahr geht freilich von radikalisierten Häftlingen aus. Im Verfassungsschutzbericht 2016 heißt es: „Vor allem internationale Erfahrungswerte haben gezeigt, dass Justizanstalten als kritische Orte und potenzielle Nährböden für Radikalisierungsvorgänge einzustufen sind. Sie können von ideologisierten Extremisten dazu benutzt werden, vor allem junge und labile Insassen zu radikalisieren." 63 Personen (U-Häftlinge inklusive) saßen mit Stichtag 1. Juni 2017 wegen eines Terrordelikts hinter Gittern. Exemplarisch: Junge Tschetschenien-Flüchtlinge, die von Österreich nach Syrien in den Jihad zogen, sich dem IS anschlossen, desillusioniert, aber verroht und mit Kriegserfahrung ausgestattet, zurückkehrten. Und prompt wegen Mitgliedschaft in einer terroristischen Vereinigung eingesperrt wurden. Strafbar machten sich auch jene, die eine Ausreise in den Jihad versuchten, vom österreichischen Staatsschutz aber (buchstäblich) aus dem Verkehr gezogen wurden.

Seelsorger könnten nicht nur helfen, Insassen vor Extremismus zu bewahren, sie seien durch ihr Insiderwissen auch in der Lage, der Justizwache radikale Häftlinge zu melden, sagt Demir. Eigentlich ist es im Vollzug üblich, Jihadisten zu isolieren. Aber das ist natürlich nur möglich, wenn die Beamten sie auch kennen. Wenn Muslime hinter Gittern keine geschulten Ansprechpartner haben, holen sie sich ihr religiöses „Wissen" woanders. Vielleicht bei Jihadisten. In praktisch allen Haftanstalten ist zu beobachten, dass so mancher muslimische Insasse erschreckend wenig Wissen über die eigene Religion hat.

Auch die Justizwache wird vom „Bundesamt für Verfassungsschutz und Terrorismusbekämpfung" (BVT) in Sachen islamistischer Extremismus geschult. Die Beamten sollen Anzeichen drohender Radikalisierung erkennen können. Und verhindern, dass Hassprediger andere rekrutieren. Von staatlicher Seite wurde zuletzt der Verein „Derad" engagiert. Dessen Mitarbeiter führen regelmäßig sogenannte Interventionsgespräche mit den Häftlingen. In einer vom Justizministerium beim Institut für Rechts- und Kriminalsoziologie in Auftrag gegebenen Studie heißt es dazu: „Bei islamistischen Extremisten gelten Interventionen, wenn sie auf theologisch fundierten Argumenten aufbauen und von glaubwürdigen Autoritäten und Rollenvorbildern aus der muslimischen Community, die nicht Teil des Gefängnissystems sind, durchgeführt werden, als ein zentraler, wirksamer Baustein in der Deradikalisierungsarbeit. ‚Derad' erfüllt diese Bedingungen. Die Betreuung ideologisierter Gefangener durch den Verein ist österreichweit angelaufen."

Geistliche unterliegen der Schweigepflicht

Imame berichten jedoch, dass manche Häftlinge sich eher einem Geistlichen anvertrauen würden. Denn ein solcher unterliege der Schweigepflicht. Auch der evangelische Seelsorger Matthias Geist erklärt: Islamische Seelsorge solle „unabhängig von staatlicher Einflussnahme arbeiten können. Sie soll ebenso wie die christliche Seelsorge zugestanden bekommen, absolute Verschwiegenheit gegenüber den Behörden zu leben, um nicht Verlängerungsarm von Staatsanwaltschaft oder Verfassungsschutz zu werden. Und gerade dadurch kann sie – möglicherweise besser als viele andere Vereine, Institutionen oder Interventionen durch die Justiz – auch zur indirekten Bekämpfung jeglicher Radikalisierungstendenzen in Haft beitragen".

Ein interessantes Phänomen ist die stärkere Hinwendung zu Religion, sobald Muslime hinter Gittern sind. So zitiert Ramazan Demir in seiner 2014 erstellten Masterarbeit etwa einen siebzehnjährigen muslimischen Häftling aus Mazedonien. Dieser saß im niederösterreichischen Jugendgefängnis Gerasdorf ein und gab an (sic!): „Ich wurde in Gefängnis gebracht und so und dann wurde mir seitdem alles klar. Weil da hatte ich auch die Zeit, wirklich mal klar nachzudenken. Und ja, dann hab ich gesagt: Ja, Allah hilft. Mein Vater hatte recht. Also das heißt jetzt nicht, weil ich ins Gefängnis gekommen bin, nur dass ich bete. Auch wenn ich draußen komm, inshallah (so Gott will, Anm.), weiterhin werde ich beten. Also mich mit Islam beschäftigen, zu Allah stehen. Also ja, seitdem ich auch in Gefängnis bin, hab ich angefangen, fünf Mal am Tag zu beten." Diese intensivere Beschäftigung mit dem Islam während der Haft bestätigt auch Margitta Neuberger-Essenther, die Leiterin der Anstalt Gerasdorf. Anfang Juli 2017 wurden ebendort 80 junge Häftlinge angehalten. Davon waren 48 Muslime – 60 Prozent aller Insassen. Neuberger-Essenther: „Muslime halten sich eher am Glauben fest." Eher als christliche Gefangene, meint sie.

Gibt es im Haftalltag Ausnahmen für Muslime? Nein. Alle Häftlinge sind tagsüber beschäftigt (Spenglerei, Tischlerei, Kfz-Technik etc.). Beim Essen wird auf religiöse Regeln (kein Schweinefleisch für Muslime) geachtet. In Gerasdorf gibt es einen multikonfessionellen Gebetsraum. Bis Ende 2020 soll die Sonderanstalt ausgebaut werden. Dann wird es auch einen Gebetsraum nur für Muslime geben. Probleme durch Religionsausübung gebe es kaum, berichtet die Anstaltsleiterin. Brisant sei vielmehr, dass sich Afghanen und Tschetschenen immer wieder verbale und mitunter auch handfeste Auseinandersetzungen lieferten. „Einige meinen, sie müssen auch in der Anstalt Krieg führen."

15. Islam und Vorbildwirkung
Der Kickboxer als Role Model

Gerhard Bitzan

Wenn der gebürtige Ägypter Karim Mabrouk eine Schule besucht und Geschichten von seinem Leben, von seinen Erfolgen und Erfahrungen erzählt, sind die sonst so unruhigen Schülerinnen und Schüler mucksmäuschenstill, voll interessiert und hängen an seinen Lippen. Kein Wunder: Karim ist Kampfsportler, und zwar kein gewöhnlicher. Er ist mehrfacher österreichischer Staatsmeister im Kickboxen. Und er ist genau deshalb für viele Kinder und Jugendliche ein Vorbild. Was für einen durchschnittlichen Österreicher die Skifahrer und Fußballer sind, sind bei Halbwüchsigen und jungen Männern mit Migrationshintergrund die Kampfsportler. „Role Models" werden sie in der Soziologensprache genannt, jene Vorbilder, die oft aus dem sportlichen Bereich kommen, von Jugendlichen als cool bezeichnet werden, auf die sie bereitwillig hören und versuchen, ihnen nachzueifern. Das Phänomen ist an sich nichts Neues und nicht auf Migranten beschränkt. Viele österreichische Jugendliche flippten schon bisher aus, wenn Messi oder Ronaldo Tore schießen, ziehen sich an wie ihr Idol und eifern ihm nach. Doch bei vielen Migrantenkindern ist es so, dass sie schon ungewöhnlich früh aufhören, auf Eltern und Lehrer zu hören – ein sportliches Vorbild aber doch eher akzeptieren, vor allem wenn es ein Kickboxer ist.

„Die Schüler sind an vielem interessiert, was meine Person und meinen Werdegang betrifft", sagt der 24-jährige Karim. „Ich erzähle ihnen über mein Leben, wie ich nach Österreich kam, wie ich als Streetworker gearbeitet habe, wie ich im Kampfsport mit hartem Training meine Erfolge errungen habe. Ich erzähle ihnen aber auch, dass es beim Kampfsport immer auch darum geht, einen gewissen Respekt vor dem Gegner zu haben. Und ich erzähle ihnen auch, dass ich selber draußen angegriffen wurde, aber versucht habe auszuweichen, um keine große Rauferei zu beginnen."

Oft wird der Muslim Karim auch zu seiner Einstellung zur Religion gefragt. „Ja, ich bin gläubig und bete. Aber ich glaube, dass der Islam für mich etwas Privates ist. Ich bin stolz auf meinen Glauben, muss es aber nicht ständig öffentlich beweisen." Und er wird auch immer wieder von interessierten Schülern gefragt, wie er zum Jihad steht. „Ich sage ihnen, dass ich kein so großer Islamexperte bin. Aber Jihad kann Frieden und Krieg bedeuten, kann auf persönliche Art und Weise interpretiert sein. Mein persönlicher Jihad hat nichts mit Terror zu tun, sondern heißt Anstrengung im Sport."

Schutz vor Radikalisierung

Letztere Aussagen sind von besonderer Bedeutung, denn Karim – und einige andere Kampfsportler – sind Teil eines ungewöhnlichen Projekts, das sich „Not in God's name" nennt. Eine von Karim gemeinsam mit dem austro-türkischen Unternehmer Alexander Karakas gegründete Initiative, die es sich zum Ziel macht, junge Muslime vor Radikalisierung zu schützen. Und dazu holte man sich prominente Kampfsportler ins Boot, die Erfolge vorweisen können – entweder im Sport oder auch durch gelebte Integration –, und so als Vorbild dienen können. Sie gehen in Schulen, halten dort Workshops ab und berichten über ihr Leben; sie gehen zu Events, gehen dort auf Jugendliche zu und machen klar, dass man sich auch als Muslim und als Migrant in die Gesellschaft integrieren kann und soll.

„Nach dem Anschlag auf ‚Charlie Hebdo' in Paris haben wir unser Projekt in die Wege geleitet", erklärt André Chehab, stellvertretender Leiter von „Not in God's name". „Wir glauben, dass jene Leute, die für radikale Ideen anfällig sind, sozial ausgegrenzt sind und zwischen zwei Stühlen sitzen. Viele fragen sich, wo ist meine Zugehörigkeit? Und diese Leute wollen wir mit unserem Projekt erreichen."

Der Besuch von und die Diskussion in ausgewählten Schulen ist die eine Seite des Projekts. Zusätzlich werden via soziale Medien die Botschaften der sportlichen Vorbilder verbreitet, verbunden mit Anti-IS-Videos. Teil des Projekts ist auch das Kampfsportcenter Tosan im zweiten Wiener Gemeindebezirk. Dessen Besitzer und ein Dutzend andere Kampfsportler unterstützen die Kampagne gegen Radikalismus. Karim und viele Top-Kampfsportler trainieren hier. Dorthin zieht es auch viele Jugendliche, die sich entweder selbst sportlich betätigen und Thai- oder Kickboxen lernen wollen, oder den „großen Kämpfern", ihren Idolen, zusehen wollen. Neben dem Kampfsport, der in seinen unterschiedlichen Ausformungen die Hauptattraktion für muslimische Burschen ist, übt weiterhin der Fußball eine große Faszination aus, nicht nur in Österreich. Die EBS Universität in Wiesbaden hat eine Studie durchgeführt, derzufolge die Nationalspieler für Kinder und Jugendliche eine höhere Vorbildfunktion als die Eltern haben. Allerdings reichten herausragende Leistungen nicht aus, um dauerhaft zu einem echten Vorbild zu werden. Entscheidend seien vorbildliches Verhalten auf und außerhalb des Platzes sowie Bodenständigkeit und Nahbarkeit, so die Ergebnisse. Die Studie bezieht sich allerdings allgemein auf Jugendliche – egal ob mit Migrationshintergrund oder ohne. In Österreich hat Nina Szogs im europäischen Forschungsprojekt „Football Research in an Enlarged Europe" für das „Institut für Europäische Ethnologie" türkische Fußballfans in Wien über 18 Monate hinweg begleitet. Grundsätzlich meint Szogs zur Funktion und Wirkung von Vorbildern: „Fußballspieler haben in jedem Fall eine Vorbildfunktion, ebenso wirksam ist die Policy der Fußballclubs. Wenn Spieler und Clubs sich vehement gegen Rassismus, Sexismus und Homophobie einsetzen, egal ob in österreichischen oder türkischen Stadien, hat dies einen nicht zu unterschätzenden Einfluss auf die Fans." Dies gelte sicherlich auch für Aktionen gegen Radikalisierung.

Grundsätzlich sieht Szogs den Trend, dass Migration und Islam enger verbunden werden, eher kritisch. Denn: „Dass Migranten hauptsächlich über Religion definiert werden, erzeugt ein sehr eingeschränktes Bild von ihnen. So kam auch bei meiner Studie über türkische Fans in Wien heraus, dass Religion nur sehr am Rande eine Rolle gespielt hat.

Fußballfans türkischer Teams sind sowohl säkular als auch religiös." Durch die Überbetonung von Religion in Migrationszusammenhängen würden nämlich andere Zugehörigkeiten in den Hintergrund treten, wie Subkultur, soziale Gruppen, Nationalitäten. Und die Möglichkeit von Säkularität werde völlig ausgeschlossen, so die Studienautorin. In der Praxis gelten jedenfalls österreichische Fußballer mit Migrationshintergrund, und da vor allem mit türkischem, als wichtige Integrationsfiguren für junge Fans. Der erste türkischstämmige Spieler im Nationalteam wurde 2002 unter Teamchef Hans Krankl eingesetzt: Volkan Kahraman. Dann folgte Muhammet Akagündüz, der als erster Nationalspieler mit türkischen Wurzeln für Österreich ein Tor erzielt hat. Der gläubige Muslim ist Trainer von Rapids Jugendmannschaft geworden, voll anerkannt und somit bis heute ein Vorbild für angehende Spieler – viele davon mit Migrationshintergrund.

Integrationsbotschafter für Schüler

Ein besonders spannendes Projekt in der österreichischen Integrationspolitik sind die „Integrationsbotschafter" der Initiative „Zusammen:Österreich" – und die erwähnten Fußballer sind ein Teil davon. Die Initiative hat seit ihrer Gründung mehr als 50.000 Schüler erreicht (Stand: Sommer 2017). Dahinter steht der „Österreichische Integrationsfonds" (ÖIF). „Die Idee zu der Aktion wurde schon im Jahr 2011 vom damaligen Integrationsstaatssekretär Sebastian Kurz initiiert", erzählt ÖIF-Geschäftsführer Franz Wolf: „Da war das Bild der Zuwanderer in der öffentlichen Wahrnehmung nicht der Realität entsprechend; wir wollten damit Vorurteile in der Gesellschaft abbauen. Österreich baut auch auf Österreichern auf, die Migranten sind. Daraus entstand die Idee, diese Menschen herzuzeigen."

Angesprochen werden sollen vor allem Kinder mit Migrationshintergrund, die glauben, sie schaffen es nicht, und damit „vor einer gefühlten gläsernen Wand stehen", so Wolf. Die Integrationsbotschafter kommen an die Schulen und erzählen, welche Hürden er oder sie überwinden mussten. Laut Wolf gebe es ausschließlich gutes Feedback. „Es hilft oft schon, wenn diese Jugendlichen jemanden haben, der mit ihnen redet." Anders als das vorher erwähnte Kampfsportprojekt ist die ÖIF-Initiative breiter aufgesetzt. Es sind nicht nur Sportler, die als Vorbilder auftreten, sondern auch Künstler, Prominente, freiwillig Engagierte und Menschen von nebenan. „Wirklich beliebt sind die, an denen die Schüler persönlich gut anknüpfen können. Etwa wenn jemand erzählt, wie er sich als Flüchtling in Österreich ein neues Leben aufgebaut hat." Als Beispiel führt Wolf den Leiter einer Tanzschule an, der bei den Zuhörern auf besonders gute Resonanz stoße. „Der erzählt, wie es einst für ihn als Hirtenjunge in Ostanatolien war und wie er heute in Österreich lebt." Grundsätzlich hänge die Wirkung eines Integrationsbotschafters stark von dessen Persönlichkeit ab. Die Initiative des Integrationsfonds ist aber nicht nur auf Muslime ausgerichtet: Diese machen nur rund ein Drittel der Botschafter aus. „Wir wollen den Islam nicht ganz ausblenden, aber wichtig ist die Identifikation zu Österreich. Die Botschafter erzählen, wie es hier in unserer Gesellschaft aussieht; dass der Rechtsstaat zum Beispiel die Grenzen der Religionsfreiheit definiert", sagt Wolf. „Dass es bei uns selbstverständlich ist, dass Mann und Frau gemeinsam etwas unternehmen und Aufgaben teilen."

Islam und Vorbildwirkung

Wie das in der Praxis ablaufen kann, weiß Kazim Yilmaz. Er ist türkischstämmig, geboren und aufgewachsen in Vorarlberg, hat in Innsbruck studiert und ist jetzt erfolgreicher Anwalt in Wien, spezialisiert auf Wirtschaftsrecht. Er selbst bezeichnet sich als gläubig, "aber nicht sehr religiös". Und er ist Integrationsbotschafter des ÖIF. "Vorbilder sind für diese Kinder und Jugendlichen sehr wichtig, weil oft die Bildung der Eltern nicht so gut ist. Das heißt, was ihnen die Familie nicht mitgibt, muss die Gesellschaft machen." Eine der wichtigsten Botschaften, die Yilmaz den Kindern vermittelt, ist die, dass man als Bürger mit migrantischem Hintergrund durchaus etwas erreichen kann. "Denn viele haben das Gefühl, ich kann in Österreich leisten, was ich will, ich schaffe es nicht, weil ich Migrant bin. Ich vermittle ihnen, dass das so nicht stimmt, sage aber auch, dass sie sich nicht in der Opferrolle sehen dürfen, sondern aktiv Verantwortung übernehmen sollen", meint der Anwalt. Yilmaz kann da auf eigene Erfahrungen zurückgreifen. Seine Eltern sind in einem kleinen Dorf aufgewachsen, Schulbildung war da nur sehr begrenzt möglich. "Das erzähle ich den Kindern und sage, dass wir hier in Österreich leben, mit guten Rahmenbedingungen, und ein Privileg der Ausbildung haben. Wenn ich das als türkischstämmiger Mensch sage, kommt das besser an, als wie wenn das ein österreichischer Politiker sagt." Mit diesem Argument kann er den Schülern auch deutlich machen, dass die deutsche Sprache essenziell dafür ist, dass Integration funktioniert. "Leider gibt es derzeit die Tendenz, dass viele ihre Muttersprache nicht richtig beherrschen, aber auch nicht die deutsche. Ich sage ihnen auch, dass Integration keine Einbahnstraße ist."

Auch die iranischstämmige Ärztin Atousa Mastan ist Integrationsbotschafterin des ÖIF. Warum macht sie das? "Ich will vermitteln, dass man sich dort wohlfühlt, wo man sich integriert hat." Um diese Botschaft anzubringen, muss sie nicht in die Schulen gehen. Ihre Ordination in Wien liegt in einem Gebiet in der Donaustadt, wo viele Migranten leben, und auch ein Flüchtlingsheim ist jetzt dort in der Nähe. „Wenn die zu mir kommen, wollen die Patienten nicht nur medizinische Sachen wissen, sondern weil ich Migrantenbackground habe, vieles mehr: ‚Sie fragen mich, woher ich komme, wie wichtig es ist, die Sprache zu lernen, wie man sich integrieren kann und ob man sich integrieren soll.'"

Ein besonderes Thema kommt auch immer wieder zur Sprache, das Kopftuch. „Ich bin jemand, der sagt, Religion ja, aber ich mische mich nicht ein. Wenn die Frau davon wirklich überzeugt ist, kann sie es auch tragen." Eines kommt aber bei ihren Kontakten mit Migranten immer wieder deutlich heraus: „Bei den Älteren ist es schwierig, die haben vorgegebene Denkweisen. Die werde ich nicht ändern. Ich glaube aber, dass ich ein Vorbild für die dritte Generation sein kann." Und wie groß ist die Chance, tatsächlich ein Umdenken zu bewirken? „Wenn ich jemanden zum Nachdenken anregen kann, dann ist schon viel erreicht", meint die Ärztin. Und stimmt damit auch mit den Aussagen anderer Botschafter überein: Wenn nur einige der angesprochenen Personen ihre Einstellung ändern, dann hat sich die Mühe gelohnt.

Und was sagt die Wissenschaft zum Thema Vorbilder für junge Migranten? Heinz Fassmann, Universitätsprofessor und Integrationsexperte, meint, dass es dazu wenig ernsthafte empirische Forschung gebe. Aber es sei sicher sinnvoll, jungen Menschen Vorbilder zu bieten. „Die glauben ja nicht, was Vater und Mutter sagen. Alles, was sich außerhalb des Elternhauses abspielt, ist wichtig. Junge und jugendliche Einwanderer orientieren sich an den Vorbildern, die nicht aus dem Elternhaus kommen."

16.

Islam und Diskriminierung
Muslime als Feindbild

Erich Kocina

„Auf einmal stand sie vor mir und hat mich angespuckt!" Dina Mohamed hat ein ungläubiges Lächeln aufgesetzt, als sie von dem Vorfall erzählt. Davon, wie sie im AKH für ihr Studium lernte. Wie eine Frau plötzlich zu schimpfen begann. Und davon, wie die Frau sie plötzlich anspuckte und wütend auf sie einredete. Dass sie eine Terroristin sei, dass sie eine Bombe in der Tasche habe. Mit ihrer Handykamera gelingt es der Studentin noch, die Frau zu filmen, wie sie wegläuft, unscharf und verwackelt, aber doch eindeutig identifizierbar. Es ist eine der ersten Szenen in „Islamophobia", einer Doku-Reportage, die der Filmemacher und Politologe Sinan Ertugrul 2016 herausgebracht hat.

Ein Film, in dem Betroffene und Experten von Übergriffen berichten, von Angriffen auf Muslime. Von verbalen Attacken, von Handgreiflichkeiten und auch von der politischen Dimension dahinter. Kurz von Vorfällen, bei denen Muslime zur Zielscheibe werden.

Der Film fasst das zusammen, was als Gefühl schon seit einiger Zeit spürbar ist, dass nämlich die Feindseligkeiten gegenüber Muslimen in den vergangenen Jahren zugenommen haben. Allein, ein Gefühl ist kein Indikator, der sich zu einem harten Befund verdichten lässt. Weder kann es in einer Statistik sinnvoll wiedergegeben werden, noch lässt sich damit eine Entwicklung zeigen – etwa als rote Linie, die im Diagramm mit den Jahren stetig nach rechts oben wandert. Doch in den vergangenen Monaten und Jahren wurden doch einige Werkzeuge entwickelt, die einen Überblick darüber geben können, wie sich islamfeindliche Aktionen entwickelt haben.

Vonseiten der Behörden ist das griffigste Instrument der Verfassungsschutzbericht, in dem unter anderem auch Vorfälle mit islamfeindlichem Hintergrund ausgewiesen sind. Im Bericht für das Jahr 2016 wurden insgesamt 1.313 Vorfälle gezählt, die unter den Begriff Rechtsextremismus fallen. Davon wiederum fallen 356 in die Kategorie Fremdenfeindlichkeit und Rassismus – und 28 dezidiert in den Bereich Islamophobie. Eine verhältnismäßig geringe Zahl also, die das Gefühl der massiv steigenden Islamfeindlichkeit nicht stützt. Nicht zuletzt auch, weil es im Vergleich zu 2015, als 31 derartige Fälle auftauchten, sogar einen Rückgang gab. Allein der Bericht über Tathandlungen, die die Polizei erfasst, ist nur bedingt ein taugliches Mittel, um Islamfeindlichkeit in der Gesellschaft zu messen. Zum einen bleibt eine Unschärfe, ob eine fremdenfeindliche Tat nicht auch einen islamfeindlichen Hintergrund haben kann. Wenn etwa jemand gegen die zum Großteil muslimischen Flüchtlinge hetzt, dabei aber nicht explizit auf ihre Religion schimpft, zählt das schon nicht mehr als islamfeindlich. Das Bundesamt für Verfassungsschutz und Terrorismusbekämpfung (BVT) kann nicht in die Köpfe der Menschen sehen.

Zum anderen finden sich in dem Bericht nur strafrechtlich relevante Delikte. Verhetzende Aufrufe im Internet zum Beispiel, die einen Großteil der Vorfälle im Bericht ausmachen. Aber auch Körperverletzung mit fremdenfeindlichem (sechs Fälle) beziehungsweise islamfeindlichem (ein Fall) Hintergrund. Die Behörden in Österreich sind aber nicht dazu verpflichtet nachzufragen, ob etwa eine Körperverletzung oder eine Beleidigung einen rassistischen oder islamfeindlichen Hintergrund haben könnte. Und so fallen wohl manche Vorfälle, die bei der Aufnahme der Anzeige als unpolitisch erfasst werden, gar nicht in die Statistik. Abgesehen davon – nicht jeder Vorfall ist strafrechtlich überhaupt relevant. Wird einer Frau etwa der Schleier vom Kopf gezogen, muss das noch nicht ins Schema einer Körperverletzung oder einer Beleidigung passen. Und auch eine auf der Straße nachgerufene Beleidigung oder Beschimpfung wird wohl in den seltensten Fällen angezeigt.

Rassistische Vorfälle nahmen zu

An dieser Stelle setzt die Anti-Rassismus-Stelle „Zara" an. Sie nimmt seit 1999 rassistisch motivierte Vorfälle auf und bündelt sie zu einem jährlich erscheinenden Bericht. Dort hat man in den vergangenen Jahren durchaus eine Zunahme von islamfeindlichen Vorfällen registriert. Von Muslimen, die aus Geschäften gewiesen wurden, zum Beispiel. Oder eben auch von Versuchen, Frauen das Kopftuch herunterzureißen. Mit der Zuspitzung der Flüchtlingssituation im Sommer 2015 hat man jedenfalls eine Zunahme rassistischer Vorfälle verzeichnet. Wobei die Hetze sich vor allem gegen Muslime und Flüchtlinge richtet. Von Facebook-Kommentaren wie „Spart uns Geld, wenn uns einer weniger auf der Tasche liegt" zu einem Artikel über einen syrischen Jugendlichen, der tot in der Donau aufgefunden wurde bis zu einem YouTube-Video, das den Suizidversuch eines Flüchtlings zeigt, unter das „gleich abknallen" gepostet wurde. Und auch Moscheen, die zum Ziel von Vandalismus werden, finden sich im Bericht. Es sind einzelne Fälle von Islamfeindlichkeit, die im Bericht beschrieben werden. Und damit eine sinnvolle qualitative Quelle, um Struktur und Ausmaß von Rassismus in Österreich zu zeigen. Doch eine handfeste Statistik lässt sich aus den gemeldeten Fällen nur bedingt zimmern. Immerhin kann die Stelle nur das verzeichnen, was an sie herangetragen wird – von Betroffenen oder Beobachtern. Und ein Ansteigen der Meldungen über bestimmte Vorfälle kann womöglich auch einfach mit einer höheren Sensibilität in der Bevölkerung erklärt werden.

In der jüngeren Vergangenheit haben parallel zu „Zara" auch Initiativen aus dem muslimischem Umfeld damit begonnen, ein Bild der Lage zu zeichnen. So hat 2014 die „Dokustelle Islamfeindlichkeit & antimuslimischer Rassismus" ihre Arbeit aufgenommen. Sie bringt nun auch einen eigenen jährlichen Report heraus, der sich ausschließlich antimuslimischen Vorfällen widmet. Es ist ein Projekt, das aus der „Initiative Muslimischer Österreicher" hervorgegangen ist, einer Vereinigung, die grob gesagt Lobbying für Muslime betreibt. 2016 kam der erste „Antimuslimische Rassismus-Report" heraus. Ein Versuch, die Anfeindungen gegenüber Muslimen sichtbar zu machen. Fälle zu dokumentieren, die sonst wohl kaum an die Öffentlichkeit gekommen wären. Und auch Zahlen anzubieten, die eine Dimension zeigen, in der sich Angriffe auf Muslime abspielen. Viele Torten- und Balkendiagramme, sauber strukturiert und mit vielen Farben versehen, werfen Elif Öztürk und ihre Kollegin Ümmü Selime Türe bei der Präsentation der zweiten Ausgabe des Berichts im März 2017 mit dem Beamer an die Wand. 253 Fälle, erzählen sie, habe man in den Bericht aufgenommen. Fälle, die ihnen zugetragen wurden oder die sie über die Medien wahrgenommen haben. Es fällt nicht leicht, den Überblick zu behalten über all die bunten Balken und die verschiedenen Kategorien, in die die ehrenamtlichen Mitarbeiter der Dokumentationsstelle all die Vorfälle gegliedert haben. Da sind verbale Angriffe, Hassverbrechen, Islamfeindlichkeit an Institutionen, Beschmierung, Hassrede, Diskriminierung – und weil auch das noch nicht reicht, gibt es noch den Punkt „Sonstiges".

„Zwei Damen laufen auf dem Gehsteig. Beide tragen einen Hijab (Schleier, Anm.). Beim Vorbeilaufen hören sie einen Mann zu ihnen sagen: ‚Sie gehören angezündet.'" Es ist dies einer jener Fälle, die im Bericht zur Kategorie verbale Angriffe gezählt werden. Das ist auch jene Kategorie, in der es die meisten Meldungen gab. Insgesamt 79 Vorfälle hat man gezählt – das entspricht 31 Prozent aller Einträge. Dahinter folgen mit 75 Einträgen Hassreden in der Öffentlichkeit. Der entscheidende Unterschied zum verbalen Angriff ist, dass die Hate Speech sich an die Öffentlichkeit richtet. Aufgezählt werden etwa Reden von Politikern, Interviews in Radio und Fernsehen oder auch Artikel in Zeitungen und Onlinemedien – konkret etwa ein Kommentar von „Österreich"-Herausgeber Wolfgang Fellner, in dem er ein Verbot des Islam in Europa anregte. Und im Katalog, der am Ende der Pressekonferenz verteilt wird, finden sich auch noch sichtbare Beispiele von Beschmierungen. „Muslim fuck off" oder „Alle Moslemnutten kastrieren" – Parolen wie diese wurden im Lauf des Erhebungszeitraums an Wände geschmiert entdeckt.

Auf Diskriminierung in Bildungseinrichtungen hat sich dagegen der Verein IDB spezialisiert – die „Initiative für ein diskriminierungsfreies Bildungswesen". Zum Schulschluss Ende Juni 2017 präsentierte Obfrau Sonia Zaafrani den ersten dazugehörigen Jahresbericht. Auch dieser Bericht ist eine Sammlung einzelner Fälle, die unter anderem Diskriminierung wegen der ethnischen Zugehörigkeit, des Geschlechts und aufgrund von antimuslimischem Rassismus umfassen. Erneut ist der Bericht eher dazu geeignet, problematische Fälle publik zu machen und Bewusstsein zu schaffen. Für eine quantitative Analyse, die eine zahlenmäßige Einordnung derartiger Fälle ermöglicht, reicht das Datenmaterial und dessen Aufarbeitung aber nicht – auch wenn das mittels diverser Tortengrafiken versucht wird.

Einige Erfahrungen lassen sich aus den Berichten aber jedenfalls ziehen. Zum einen, dass vor allem Frauen im Mittelpunkt islamfeindlicher Angriffe stehen. Unter anderem auch deswegen, weil sie anhand des Kopftuchs leicht als Musliminnen identifizierbar sind. Und weil das Kopftuch selbst immer wieder der Grund der Attacke ist – sei die nun verbal oder handgreiflich. Eine zweite Erfahrung ist, dass das politische Umfeld durchaus einen Einfluss auf die gesellschaftliche Haltung zu Muslimen und auch auf islamfeindliche Angriffe nehmen kann. So hat etwa die Dokustelle festgestellt, dass die Zahl der gemeldeten Vorfälle im Monatsvergleich besonders stark kurz vor den Stichwahlterminen zur Bundespräsidentenwahl 2016 anstieg. Ihre Schlussfolgerung ist also, dass islamfeindliche Vorfälle auch in Zusammenhang mit politischen und medialen Debatten stehen, etwa zu Themen wie Kopftuch oder Burkini. Damit bewegt sich die Debatte aber auch ein Stück weg von konkreten Vorfällen und hin zu einem Stimmungsbild in der Bevölkerung, das erst den Boden für Diskriminierung und Anfeindungen aufbereitet. Es ist der Bereich, in dem Farid Hafez ansetzt. Der Politologe ist auf akademischer Ebene einer der wichtigsten Vertreter zum Thema – unter anderem mit seinem seit 2010 herausgegebenen „Jahrbuch für Islamophobieforschung". Er sieht als ein zentrales Merkmal der Islamfeindlichkeit, dass versucht werde, „jedes Phänomen schlechthin religiös zu deuten, wo das Politische, das Soziale, das Ökonomische, das Sexualverhalten zur Religion wird".

Muslim sein als primäres Identifikationsmerkmal

Das führe dazu, dass Menschen, die sich früher über alles Mögliche definiert haben, nun das Muslimsein als primäres Identifikationsmerkmal führen. Weil es ihnen zum einen so von der Gesellschaft vermittelt wird, dass jemand, der früher als der Nachbar, der Arbeiter, der Türke gesehen wurde, nun als „der Moslem" dasteht. Und weil genau diese Punzierung auch einen Verteidigungsreflex auslösen kann, ein „jetzt erst recht". Der Fokus auf Muslime, der international rund um die Attentate vom 11. September 2001 seinen Anfang nahm, kam in Österreich mit etwas Verspätung an, glaubt Hafez. Bis zur Spaltung der FPÖ, die damals mit der ÖVP in der Regierung saß, habe hierzulande ein quasi sozialpartnerschaftliches und konkordanzdemokratisches Verhältnis zum Islam geherrscht. Der Islam sei also weniger als Problem denn als Teil der Lösung präsentiert worden. Mit der Aufspaltung in FPÖ und BZÖ sei das Thema Islamfeindlichkeit im politischen Alltag erst relevant geworden, meint Hafez. Mit dem Effekt, dass rund zehn Jahre später auch andere Parteien nachgezogen seien und nun forderten, was die FPÖ damals als Erste formuliert hatte.

Genau diese generell zunehmend islamfeindlichere Haltung führe dann eben zur Forderung nach Ungleichbehandlung von Muslimen. Etwa mit dem Islamgesetz, in dem unter anderem die Auslandsfinanzierung von Imamen verhindert werden soll – es gibt keine vergleichbare Regelung für andere Religionsgesellschaften. Oder in den Vorstößen für ein Kopftuchverbot im öffentlichen Dienst. Das, sagt Hafez, sei islamophob, „weil es Muslime von Berufsbildern ausgrenzt". Noch dazu, weil umgekehrt ein religiöses Symbol wie das Kreuz weiter in Schulklassen oder Gerichten erlaubt bleibt. Überhaupt werde die ganze Diskussion durch eine christliche Brille gedeutet: „Ein Kopftuch ist kein Symbol, sondern eine religiöse Praxis. Das Kreuz ist ein Symbol, denn niemand muss ein Kreuz tragen."

Auf der anderen Seite des akademischen Diskurses stehen jene, die in Islamophobie vor allem einen Kampfbegriff sehen, mit dem konservative Muslime – aber auch Teile der Linken – jegliche Kritik abwehren wollen. „Es gibt keine wirklich klare Definition des Begriffs", sagt Heiko Heinisch, Forscher am Institut für Islamische Studien der Universität Wien. Vielmehr werde versucht, Feindschaft gegenüber Muslimen und Religionskritik auf eine Stufe zu stellen. Und damit jene, die berechtigte Kritik abseits von Ressentiments übten, als islamophob zu denunzieren. Dahinter stünden Organisationen, die unter anderem dem europäischen Netzwerk der „Muslimbrüder" zuzurechnen seien. Auch an internationalen Beispielen lasse sich erkennen, wie der Begriff für politische Zwecke entfremdet werde. So sprach etwa der türkische Präsident Recep Tayyip Erdoğan von Islamophobie, weil ihm aus Österreich signalisiert wurde, dass Wahlkampfauftritte von ihm hierzulande nicht erwünscht seien.

Es ist eine Debatte, die sich unter anderem an Begrifflichkeiten spießt – weil „Islamophobie" nicht nur als Kampfbegriff gesehen wird, sondern weil mit einer Phobie, der Furcht vor etwas, der Islamfeindlichkeit eine psychologische, eine krankhafte Komponente gegeben wird. Unter anderem deshalb wird stattdessen auch von Islamfeindlichkeit und antimuslimischem Rassismus gesprochen. Doch was alles in diese Kategorie fällt, von konkreten Angriffen auf Muslime bis zu einer feindlichen Stimmung in der Bevölkerung – die womöglich auch noch politisch verstärkt und instrumentalisiert wird –, hat in der Diskussion eine große Bandbreite. Farid Hafez zählt auch unbewusste Handlungen dazu, die vielleicht sogar gut gemeint sind. „Wenn alle Muslime wären wie du, würde es passen." Diesen Satz, so seine Erfahrung, hätten unzählige Muslime schon zumindest einmal gehört. Und dass sich aus einer Erfahrung mit einer einzelnen Person nicht das Vorurteil gegen eine ganze Gruppe ändert, sei ein typisches Beispiel für eine rassistische Haltung gegenüber Muslimen. Die halt nicht so plakativ daherkomme. Und nicht so einfach fassbar ist wie ein Fall, bei dem eine Muslimin angespuckt wird.

17.

Islam und Minderheiten
Die „anderen" Muslime

Duygu Özkan

Die muslimische Gemeinschaft in Österreich wird stark über die Religion definiert. Das zeigt bereits ein flüchtiger Blick auf die mediale Berichterstattung und den Integrationsdiskurs. Gemäß dieser vereinfachten Wahrnehmung handelt es sich bei Muslimen um eine homogene, sunnitische Gruppe arabisch-türkischer Abstammung. Diese Betrachtungsweise lässt keinen Raum für liberale und säkular eingestellte Muslime oder Atheisten aus islamisch geprägten Ländern. Dabei stellen sie in Österreich sehr wohl einen Teil der Community. Die sogenannten „Kulturmuslime" suchen oft selbst nicht die Öffentlichkeit, weil sie sich durch die Islamdebatte einfach nicht angesprochen fühlen. Auch sind nur die allerwenigsten von ihnen organisiert.

Debatte um die Vertretung der Schiiten

Ein kleinerer, wiewohl nicht unbeträchtlicher Teil der österreichischen Muslime gehört der schiitischen Konfession an, und hier hauptsächlich den Zwölferschiiten. Die Teilung der Religion in sunnitische und schiitische Strömungen hat sich bereits kurz nach Gründung des Islam vollzogen, dabei ging es um die Frage nach der rechtmäßigen Nachfolge des Propheten Mohammed. Grundsätzlich können die Schiiten als die Anhänger Alis bezeichnet werden, dem Schwiegersohn Mohammeds. Ihrer Überzeugung zufolge sollte Ali Mohammed als Kalif folgen, tatsächlich aber übernahm Abu Bakr nach Mohammeds Tod 632 n. Chr. die Führung. Erst 656 n. Chr. wurde Ali das Kalifat übertragen. Das Leben des Ali und weiterer elf Imame bildet sodann den wichtigsten Bezugspunkt für den schiitischen Glauben. Eine besondere Rolle kommt dem zwölften Imam Mohammed al-Mahdi zu: Der Zwölferschia zufolge lebt er, der als Kind verschwand, in der irdischen Verborgenheit, um als Messias (Mahdi) am Jüngsten Tag auf die Welt zu kommen. Im Schiitentum nehmen die Imame, im Gegensatz zum Sunnitentum, eine weit bedeutendere, spirituellere Rolle ein.

Die „Islamisch-Schiitische Gemeinschaft in Österreich" ist seit dem Jahr 2013 eine anerkannte Bekenntnisgemeinschaft, jedoch keine Religionsgemeinschaft, das heißt, sie ist keine Körperschaft des öffentlichen Rechts. Eigenen Angaben zufolge gehören 1.500 Mitglieder der Gemeinschaft an. Der Anerkennung ging eine längere Auseinandersetzung voraus, ob und inwieweit die mehrheitlich sunnitisch geprägte offizielle

Vertretung, „Islamische Glaubensgemeinschaft in Österreich" (IGGiÖ) auch für die Schiiten sprechen kann und soll. Vor allem der in Wien ansässige schiitische Dachverband „Islamische Vereinigung ‚Ahl-ul-Bait'" forcierte die Abkoppelung von der IGGiÖ – der gebürtige Iraker Salem Hassan hat diesen Prozess federführend begleitet. „Ich habe gesehen", sagt er rückblickend, „dass die Zusammenarbeit mit der Islamischen Glaubensgemeinschaft nicht mehr möglich war." Als problematisch bezeichnet er beispielsweise den Religionsunterricht an Schulen, wo schiitische Kinder von sunnitischen Lehrern beleidigt worden seien. „Man hat sie als Ungläubige betrachtet, als unrein." Nach wie vor würden viele schiitische Eltern ihre Kinder nicht zum Unterricht schicken, weil die allermeisten Religionspädagogen nach der sunnitischen Ausrichtung unterrichten würden. Diese Fälle hätten sein Vorhaben bestärkt, die schiitische Gemeinschaft zu gründen. Das Ziel sei nach wie vor, eine anerkannte Religionsgemeinschaft zu werden, meint Hassan: „Damit hätte man auch das Recht, Religion nach eigenem Lehrplan zu unterrichten."

Freilich, mit den Sunniten teile man viel, sagt Hassan; die Verehrung des Propheten Mohammed, den Koran. Aber die theologischen Differenzen seien offensichtlich, und abgesehen davon sei man sich bei organisatorischen Fragen mit der IGGiÖ einfach nicht einig geworden – etwa bei der Frage, wie viele Schiiten im Vorstand oder sonstigen Positionen vertreten sein sollen.

Politische und finanzielle Einflussnahmen vonseiten des Irak oder anderer schiitischer Länder beziehungsweise Organisationen lehnen die schiitischen Vereine eigenen Angaben zufolge ab. Hassan selbst war eine Zeit lang Vertreter des „Obersten Islamischen Rats im Irak", einer schiitisch-politischen Parlamentspartei. Sie gilt als religiös-konservativ, war beizeiten auch zugänglich für reformorientierte Ansätze. Desillusioniert von der Korruption im Irak habe sich Hassan von der Politik zurückgezogen, wie er erzählt. Seine Aktivitäten würden sich auf die Religion beschränken, die schiitische Gemeinschaft sei selbstständig.

„So kann uns niemand beeinflussen. Das hat uns viel gekostet, aber mit dieser Lage ist die schiitische Gemeinschaft zufrieden (...) Wir wollen zwischen Politik und Religion trennen. Diese Vermischung ist ein großer Fehler. Ich habe mit dem Kampf im Libanon nichts zu tun. Ich habe mit Hisbollah nichts zu tun. Ich habe mit dem Iran nichts zu tun. Ich wollte die Schiiten in Österreich schützen. Sie sind in Österreich, sie müssen das österreichische Recht beachten. Wenn sie aufgerufen werden zum Wehrdienst, dann müssen sie hin. Wenn Österreich in Gefahr ist, sollen auch sie kämpfen. Der Glaube aber soll im Herz bleiben. Ich muss für meinen Glauben nicht Propaganda machen."

Direkte Kontakte und Kooperationen halte man mit Vertretern des einflussreichen Ayatollah Ali al-Sistani, der als der bedeutendste schiitische Gelehrte des Irak gilt und je nach Betrachtungsweise als konservativ-religiös oder gemäßigt-reformorientiert beschrieben werden kann.

Schiiten in der Islamischen Glaubensgemeinschaft

Dass ein schiitischer Verband in Österreich eine anerkannte Bekenntnisgemeinschaft wurde, ist nicht allen Schiiten recht, insbesondere nicht im Wiener „Islamischen Zentrum Imam Ali". Hier wirkt Imam Erich Muhammad Waldmann, ein Konvertit, der islamische Theologie im iranischen Ghom studiert hat. Die Gründung und die Entwicklung der IGGiÖ ist aus historischen Gründen stark sunnitisch geprägt. Eine nennenswerte schiitische Gemeinde ist in Österreich in den frühen 1980er-Jahren entstanden, die iranische Islamische Revolution 1979 hat dieser Glaubensrichtung ein neues Selbstbewusstsein verliehen. Neben Afghanen bilden Iraner, Iraker, Pakistani, Türken und auch Libanesen die ethnisch diverse Community. Die Anzahl der Schiiten lässt sich dennoch nicht genau beziffern; Schätzungen zufolge stellen sie etwa zehn bis fünfzehn Prozent der Muslime in Österreich.

Das schiitische Zentrum Imam Ali hat zwischen 6.000 und 7.000 Mitglieder, wie Waldmann angibt. Neben den gemeinsamen Gebeten bietet das Zentrum kulturelle und pädagogische Aktivitäten an. Im Gegensatz zur schiitischen, irakisch geprägten Bekenntnisgemeinschaft fühlt sich das Zentrum Imam Ali sowie ihr nahestehende Vereine von der IGGiÖ vertreten. Waldmann verurteilt die Abspaltungstendenzen und betont die „Einheit der Muslime": „Es gibt keine Feindschaft zwischen Sunniten und Schiiten in Österreich, wir haben hier das beste Zusammenleben. Ich glaube, so eine Linie zu etablieren, ist verantwortungslos." Schwierigkeiten bei der Zusammenarbeit würden freilich auftauchen: „Wir sind eine kleinere Gruppe und haben nicht so viel Mitspracherecht. Oder wir werden überstimmt. Das ergibt sich durch die demokratischen Strukturen, und die muss man akzeptieren. Aber wir können unsere Rechtsschule praktizieren, und das ist Sinn und Zweck einer Glaubensgemeinschaft."

Die Zwölferschiiten rund um das „Imam-Ali-Zentrum" bemühen sich derzeit um die Gründung einer eigenständigen Kultusgemeinde innerhalb der IGGiÖ, also einer Unterorganisation mit klar definierten Rechten. Da aber eine schiitische

Gruppe bereits als Bekenntnisgemeinschaft anerkannt ist, ergeben sich juristische und auch theologische Schwierigkeiten. „Wir haben oftmals bestätigt, dass unsere Lehre die Lehre der islamischen Glaubensgemeinschaft ist", sagt Waldmann.

Dem Zentrum Imam Ali wird immer wieder eine ideologische Nähe zum Iran vorgeworfen, in der Vergangenheit ist in Broschüren und Schriften die Vorbildwirkung der Iranischen Revolution betont worden. „Wir haben keine iranische Lehre, wir haben eine schiitische Lehre", sagt Waldmann dazu. Religiöse Inhalte würden von jener Geistlichkeit repräsentiert, die eben im Iran, Irak und Libanon wirke. „Aber dass es eine politische Anbindung an diese Länder geben würde, stimmt nicht. Dass hier eine Politik über eine Botschaft hereingetragen werde, stimmt nicht."

Umstritten ist auch der „Al-Quds-Tag", der auf den Revolutionsführer Ayatollah Ruhollah Khomeini zurückgeht. Ursprünglich als Solidaritätskundgebung für Palästinenser ausgerufen, weist der „Al-Quds-Tag" oftmals antiisraelische, antisemitische Einschläge auf. Vertreter des Imam-Ali-Zentrums waren in der Vergangenheit bei den Al-Quds-Demonstrationen in Wien zugegen, was für scharfe Kritik gesorgt hat, bisweilen trat auch Waldmann als Redner auf und forderte beispielsweise den Abzug Israels aus den besetzten Gebieten. Die Veranstaltung ziele nicht darauf ab, die Zerstörung Israels zu propagieren, meint er.

Sind Aleviten überhaupt Muslime?

Weder mit den Sunniten noch mit den Schiiten können sich die Aleviten im weitesten Sinn identifizieren. Hauptsächlich aus der Türkei stammend, leben Schätzungen zufolge zwischen 60.000 und 80.000 Anhänger dieser Glaubensrichtung in Österreich. Aus der Tradition der Schia entstanden, hat sich das Alevitentum im Laufe seiner hauptsächlich anatolischen Geschichte sehr gewandelt. „Die Schiiten stehen in der Praxis eher den Sunniten nahe", sagt Cengiz Duran dazu. „Die Trennung der Geschlechter, die Gebete, die Fastenzeiten ... da weist der alevitische Islam schon eine sehr andere Tradition auf." Duran ist im Bundesvorstand der „Islamisch Alevitischen Glaubensgemeinschaft in Österreich", die seit 2013 als Religionsgemeinschaft anerkannt ist – und damit parallel zur Islamischen Glaubensgemeinschaft in Österreich die zweite islamische Religionsgesellschaft ist.

Die Vertretung der Aleviten hat die Anerkennung als eigene Gemeinschaft juristisch und theologisch forciert, denn erstens fühlten sie sich von der IGGiÖ nicht vertreten, und zweitens fühlte sich die IGGiÖ oftmals nicht zuständig für sie. „In ihren Augen wurden die Aleviten nicht als Muslime betrachtet. Das wäre genauso, wenn ich sagen würde: Das sind die Protestanten und wir sind die Christen", sagt Duran. Aber auch innerhalb der Aleviten ist diese Frage nicht restlos geklärt. Ein Teil der Anhängerschaft – dazu gehört die Vertretung der offiziellen Religionsgemeinschaft – sieht sich sehr wohl in der Tradition des Islam, ein anderer Teil betrachtet das Alevitentum als komplett vom Islam „wegentwickelt".

Wie die Schiiten auch, verehren die Aleviten Imam Ali, wie die Bezeichnung der Religion bereits vermuten lässt. Damit den Charakter des Alevitentums zusammenzufassen, wäre aber zu kurz gegriffen. In der Glaubenspraxis bezieht sich diese Religion nicht auf ein Heiliges Buch, den Koran, sondern wird die Gottes-, Nächsten- und Naturliebe mündlich von sogenannten Ältesten weitergegeben, die ihre Abstammung auf die Familie des Propheten zurückführen. Die Aleviten betonen ihren undogmatischen Zugang zur Religion, sie besuchen keine Moscheen, sondern Versammlungsräume (Cem Evi), die Gebete haben weder bestimmte Zeiten, noch folgen sie einer vorgegebenen Liturgie. „Das tägliche Gebet liegt in der Selbstverantwortung des Menschen, es hat keine bestimmte Bindung an eine Haltung oder einen Ort. Es ist der Kontakt, den man mit Gott sucht, in jeder Sekunde des Daseins", so Duran.

Dadurch, dass das Alevitentum nicht verschriftlicht wurde, ist es zum einen freier in seiner Interpretation, zum anderen macht es dieser Umstand aber schwer, seine Ursprünge zu erforschen. Manche wollen in diesem Glauben die türkische Urkultur vor den arabischen Einflüssen erkennen, andere orten zoroastrische Einschläge. Es gibt Unterschiede zwischen kurdischen- und türkisch-alevitischen Traditionen. Ein mystischer, bisweilen philosophischer Zugang ist jedenfalls offensichtlich, die Aleviten betonen darüber hinaus die Gleichstellung zwischen Mann und Frau. In der Türkei sind Aleviten aufgrund ihres Glaubens lange Zeit verfolgt worden, noch heute sind sie als Religionsgemeinschaft nicht gleichgestellt. Bei vielen Betroffenen hat dieser Umstand zu einer Entfremdung vom eigenen Glauben geführt.

Ausgerechnet in Österreich finde nun eine alevitische Renaissance statt, meint Duran, und das hänge damit zusammen, dass der alevitische Glaube als eigene Religionsgemeinschaft anerkannt wurde. „Für uns hieß das: Endlich ein Land, das unsere Theologie, unser Glaubensverständnis akzeptiert. Für uns hieß das also auch: Ein Stolz auf das Land, in dem wir leben. Das Gefühl, angekommen zu sein. Jeder Alevit, mit dem ich spreche, ist ein stolzer Österreicher (...) Unsere Leute sind gut integriert. Es gibt sprachlich und demokratiepolitisch keine Defizite. Wir legen großen Wert auf Bildung, vor allem bei Mädchen."

Politisch treten die Aleviten für die Trennung von Religion und Staat auf. Das im Jahr 2015 verabschiedete neue Islamgesetz in Österreich wurde von ihnen unterstützt – insbesondere das darin verankerte Verbot von finanziellen Zuwendungen aus dem Ausland. Damit der alevitische Religionsunterricht an den Schulen gesichert ist, werden an der „Kirchlich Pädagogischen Hochschule in Wien und Krems" – so wie auch für den islamischen Religionsunterricht – die Religionslehrer ausgebildet; derzeit wird die Professur für alevitische Glaubenslehre aufgebaut.

Selbst mit der Einbeziehung von Aleviten, Schiiten und ihren Subgruppierungen kann die Diversität des muslimisch geprägten Lebens in Österreich nicht vollständig erfasst werden. Viele andere Gruppen wie die in Indien entstandene „Ahmadiyya-Bewegung" bleiben in Österreich zwar eine Randerscheinung, aber sie haben auch hier ihre Vertretungen. Die schiitische Gemeinde selbst ist insbesondere mit dem Zuzug von Flüchtlingen in der jüngeren Vergangenheit merklich gewachsen und ethnisch diverser geworden. Was dieser Umstand für die Lösung des innerschiitischen Konfliktes bedeutet, ist einstweilen noch nicht absehbar.

Autorinnen und Autoren

KÖKSAL BALTACI, geboren 1979, ist seit 2011 Redakteur bei der „Presse" mit den Schwerpunktthemen Gesundheit und Integration. 2013 gewann er den „Journalistenpreis Integration" des ÖIF.

BERNADETTE BAYRHAMMER (Mag.[a]), geboren 1984, studierte in Wien und Buenos Aires Internationale Entwicklung. Seit 2012 schreibt sie für das Bildungsressort der „Presse".

GERHARD BITZAN (Dr.), geboren 1953, studierte Publizistik. Er ist seit 1980 bei der „Presse" in den Ressorts Außenpolitik, Europa und Chronik tätig.

IRIS BONAVIDA, geboren 1989, schreibt seit 2012 für die „Presse". Derzeit ist sie Redakteurin im Innenpolitik-Ressort mit Fokus Sicherheitspolitik.

ERICH KOCINA (Mag.), geboren 1974, studierte Publizistik- und Kommunikationswissenschaft sowie Politikwissenschaft. Er ist seit 2002 bei der „Presse" und derzeit stellvertretender Leiter des Chronik-Ressorts mit Fokus auf Integration und Islam.

BENEDIKT KOMMENDA (Mag.), wurde 1963 in Wien geboren und studierte Rechtswissenschaften. Seit 1989 bei der „Presse", leitet er seit 1990 den Schwerpunkt „Rechtspanorama", seit 1995 ist er einer der Chefs vom Dienst. Ausgezeichnet mit dem Medienpreis im Rahmen des Österreichischen Verfassungspreises 2015.

Autorinnen und Autoren

DIETMAR NEUWIRTH (Dr.) wurde 1961 in Wien geboren und studierte Publizistik und Politikwissenschaft. Er ist seit 1988 bei der „Presse", unter anderem als Chef vom Dienst, Ressortchef Chronik und seit 2013 als Ressortchef Inland.

RAINER NOWAK, geboren 1972, ist seit September 2012 Chefredakteur der Tageszeitung „Die Presse", seit Oktober 2014 auch deren Herausgeber. Er wurde unter anderem mit dem „Kurt-Vorhofer-Preis" (2010) sowie als „Chefredakteur des Jahres" (2014) ausgezeichnet.

DUYGU ÖZKAN (Mag.[a]), geboren 1981, studierte Geschichtswissenschaften in Berlin und Wien. Sie ist Redakteurin im Außenpolitik-Ressort der „Presse" und wurde unter anderem mit dem „Prälat-Leopold-Ungar-Preis" 2015 ausgezeichnet.

OLIVER PINK (Dr.), geboren 1973, absolvierte ein Medizinstudium. Seit 2005 bei der „Presse", ist er seit 2013 der Leiter des Ressorts Innenpolitik. Zuvor schrieb er für das „Profil" und die „Kleine Zeitung".

MANFRED SEEH, Jahrgang 1963, ist Redakteur bei der „Presse" seit 1992, Ressort Inland. Seine Spezialgebiete sind die Justiz- und Gerichtsberichterstattung.

ANNE-CATHERINE SIMON (Mag.[a]), geboren 1975, studierte Germanistik und Romanistik, Sie schreibt seit 2005 im Feuilleton-Team der „Presse".

Autorinnen und Autoren

ANNA THALHAMMER (Mag.ª), geboren 1985, studierte Germanistik und Judaistik an der Universität Wien. Sie ist seit 2015 Redakteurin im „Presse"-Inlands-Ressort mit speziellem Fokus auf Investigativrecherche.

ANNA-MARIA WALLNER (Mag.ª, LL.M.), geboren 1982, studierte Rechtswissenschaften. Sie schreibt seit 2006 bei der „Presse". 2013 und 2015 absolvierte sie längere Stipendienaufenthalte am „Reuters Institute" an der Universität Oxford und in der New-York-Redaktion des „Wall Street Journal". Derzeit ist sie Medienredakteurin und Chefin vom Dienst der „Presse am Sonntag".

EVA WINROITHER (Mag.ª), geboren 1983, studierte Publizistik- und Kommunikationswissenschaften mit Fächerkombination Spanisch und Ethnologie in Wien. Sie schreibt seit 2011 im „Presse"-Chronik-Ressort vor allem über Sozialthemen, Migration und Integration. Sie leitet seit 2016 das „Leben"-Ressort in der „Presse am Sonntag".

JAKOB ZIRM (DI FH), geboren 1980, studierte Industriewirtschaft. Er ist seit 2004 bei der „Presse", seit März 2012 stellvertretender Leiter des Economist-Ressorts mit Fokus auf Bankwesen und volkswirtschaftliche Themen.

DIE REPUBLIK WIRD ÖSTERREICH

Am 12. November 2018 wurde die Republik Österreich ausgerufen, ein „Rest" der zerbrochenen Habsburgermonarchie, an dessen Überleben viele nicht glaubten. Doch der neue Staat beweist in den wechselvollen, folgenden hundert Jahren Lebenswillen und Tatkraft.

Hubert Nowak zeigt die markanten Eckpunkte und entscheidenden Veränderungen dieses Weges auf und zeichnet das lebendige Bild eines Staates, der in zwei Anläufen aus den Katastrophen eines „Zeitalters der Extreme" zu sich selbst findet.

Hubert Nowak
EIN ÖSTERREICHISCHES JAHRHUNDERT 1918–2018

256 Seiten
Hardcover mit Schutzumschlag, mit Farbabbildungen
978-3-222-15010-4
€ 27,90

DAS EUROPÄISCHE SCHICKSALSJAHR

Die Grenzöffnung für Flüchtlinge im September 2015 hat Europa gespalten und für immer verändert. Die Autoren führten zahlreiche Gespräche mit Insidern und damaligen Entscheidungsträgern und rekonstruieren detailreich und spannend die Ereignisse dieses „Flüchtlingsjahres", das schließlich im März 2016 in der Schließung der Balkanroute gipfelte.

Sie schildern, wie die Staatskanzleien in diesen Monaten die Kontrolle verloren, wie Politikerkarrieren gemacht und beendet wurden. Und sie zeigen, wie weitreichend die Folgen bis heute sind.

Rainer Nowak, Thomas Prior, Christian Ultsch
FLUCHT
Wie der Staat
die Kontrolle verlor

208 Seiten
Hardcover mit Schutzumschlag
978-3-222-15005-0
€ 22,90

MOLDEN

Zu den Zitaten im Buch:
Sofern nicht anders vermerkt, stammen die direkten Zitate aus Gesprächen, die von den Autorinnen und Autoren der Beiträge für dieses Buch geführt wurden. Die Veröffentlichung erfolgt mit Wissen und Zustimmung der jeweiligen Gesprächspartner.

STYRIA BUCHVERLAGE

Wien – Graz – Klagenfurt
© 2017 by Molden Verlag Wien
in der Verlagsgruppe Styria GmbH & Co KG
Alle Rechte vorbehalten.
ISBN 978-3-222-15004-3

Bücher aus der Verlagsgruppe Styria gibt es
in jeder Buchhandlung und im Online-Shop
www.styriabooks.at

Coverfotos: picturedesk.com/Robert Kalb (Dom); picturedesk.com/Willfried Gredler-Oxenbauer (Minarett)
Cover- und Buchgestaltung: Emanuel Mauthe
Satz: Florian Zwickl
Lektorat: Elisabeth Wagner

Druck und Bindung: Finidr
Printed in the EU
7 6 5 4 3 2 1